북즐 지식백과 시리즈 08

감 정 치 유 를 위 한

인 간
관계론

강성구 지음

북즐 지식백과 시리즈 08

감정 치유를 위한
인간관계론

펴 낸 날　초판 1쇄 2025년 9월 25일

지 은 이　강성구
펴 낸 곳　투데이북스
펴 낸 이　이시우
교정·교열　김지연
편집 디자인　박정호
표지 디자인　D&A design
출판등록　2011년 3월 17일 제307-2013-64 호
주　　소　서울특별시 성북구 솔샘로25길 28
대표전화　070-7136-5700　팩 스 02) 6937-1860
홈페이지　http://www.todaybooks.co.kr
페이스북　http://www.facebook.com/todaybooks
전자우편　ec114@hanmail.net

ISBN 979-11-987493-4-5　03190

ⓒ 강성구

- 책값은 표지 뒷면에 있습니다.
- 이 책은 투데이북스가 저작권자와의 계약에 따라 발행한 것으로 허락 없이 복제할 수 없습니다.
- 파본이나 잘못 인쇄된 책은 구입하신 서점에서 교환해 드립니다.

「북즐 지식백과 시리즈」는 법률, 경제, 인문학, 세계사, 신화, 자기 계발에 관한 내용으로 구성된 시리즈의 통칭입니다. 이상의 내용으로 출간을 희망하는 독자분들의 원고 투고를 환영합니다. 원고 투고는 다음의 이메일 주소로 언제든지 보내주세요. 독자분들의 원고 투고를 기다리겠습니다.

ec114@hanmail.net 또는 ec114@naver.com

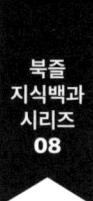

북줄 지식백과 시리즈 08

감정 치유를 위한
인간관계론

강성구 지음

투데이북스
TodayBooks

프롤로그

　누구에게나 인간관계는 힘든 부분이 많다. 보통 직장에서 하는 고유한 일보다는 함께 일하는 직원들 간의 관계로 인해서 스트레스를 더 많이 받는다고도 한다. 서비스업의 경우에는 만나는 불특정한 고객을 상대하므로 받는 스트레스의 강도는 매우 크다고 한다.

　스트레스를 받지 않으면 좋지만, 현대를 살아가는 사람들에게는 이 또한 극복해야 하는 과제가 되었다. 우리는 받은 스트레스를 풀기 위해서 여행을 가고, 맛있는 음식을 먹고, 친한 친구를 만나서 대화하고, 취미 활동 등을 한다.

　이 책은 스트레스를 받는 상황에서 스트레스를 극복하고 감정을 치유할 수 있는 이야기들로 구성되었다. 필자가 경험하고 전해 들은 이야기들을 읽으면서 감정을 치유하고 상대방의 말이나 행동에서 상처받지 않는 간접경험치를 높여보자.

필자가 살면서 얻은 여러 가지 경험담을 통해서 사람의 심리와 본성, 그리고 이기심 등에 대해서 이해하는 시간을 가져보자.

사람의 심리와 본성, 그리고 이기심을 이해할 수 있다면 삶을 대하는 태도도 달라질 것이다. '이런 사람들도 이 정도의 수준인데 난 지금 더 잘하고 있는 것 같은데'라고 느끼면 좋겠다.

이 책을 감정 치유와 공유가 필요한 내 주변의 모든 이들에게 바친다. 그들이 이 책을 통해서 조금이나마 작은 위안과 작은 희망을 품게 되었으면 좋겠다.

끝으로 이 책이 나오기까지 기다려 준 가족들과 책을 아름답게 만들어 준 출판사 담당자 그리고 외주 제작 업체 관계자분들에게 진심으로 감사드린다.

저자 강성구

목차

프롤로그 : : 4

1부 인간관계

동전의 양면 : : 13
팬심과 안티는 종이 한 장 차이 : : 16
[좋아요] 버튼을 누르는 사람의 심리 : : 18
반성할 줄 아는 사람 : : 21
가진 자의 여유인가? 자만인가? : : 24
다섯 명의 건물주 이야기 : : 26
생각이 다르고 행동이 다를 뿐이다 : : 29
속는 사람과 속이는 사람 : : 32
필요할 때만 연락이 오는 당신 : : 35
오랜만에 연락해 온 그대 : : 38
아들과의 약속을 지킨다는 정치인 : : 41
나이가 들수록 인맥이 좁아지는 느낌 : : 43
세상에 공짜는 없다 : : 47
떠날 사람은 언젠가는 떠난다 : : 52
주변에 이런 사람이 있다면 : : 54
정보만 얻고 싶은 심리 : : 57
집을 왜 구매해 : : 59

안녕하세요 : : 62
뒤끝이 없다는 사람 : : 65
거리를 두어야 하는 사람 : : 68
약속의 의미 : : 70
넘지 말아야 하는 선 : : 73

2부 회사와 나

사장은 좋은 역할만 하고 싶다 : : 81
자신의 이야기만 하는 당신 : : 84
조직에 너무 충실했던 나 : : 86
나이가 들면 입은 다물고 : : 89
겉으로 웃는다고 해서 : : 93
사냥개는 사냥이 끝나면 죽는다 : : 95
사장의 마음은 갈대 : : 100
피는 물보다 진하다 : : 103
회사에 남을 것인가? 나의 길을 갈 것인가? : : 106
누구의 관점에서 볼 것인가? : : 110
직원에 대한 생각 : : 113
정말 이렇게 하고 싶을까? : : 117

3부 사람과 사람

공감 능력이 없는 사람 : : 125
아버지와 자녀들의 관계를 : : 128
생각나는 사람이 있을 때 : : 130

악마의 유혹 : : 134

행복한 삶의 시작 : : 137

당신에게 밥 사주는 사람들 : : 140

친한 사람이 가장 무서운 이유 : : 142

리드는 어렵다 : : 145

구조적 모순에 대한 대처 방법 : : 148

도움을 주지 못하더라도 상처는 주지 말자 : : 151

사람은 잘 변하지 않는 것인가? : : 154

존재의 의미 : : 158

관계의 확인 : : 161

성공하지 못한 2가지 이유 : : 163

의심의 순간 : : 167

가르치는 사람의 자세 : : 171

50대 중반이 되다 보니 : : 173

행복이 밀려오면 생각나는 후배 : : 175

아메리카노 한 잔의 여유 : : 178

마음의 여유 : : 182

삶과의 마지막 인사 : : 184

혼자만 잘난 것은 아니다 : : 187

선입견인지는 모르지만 : : 192

어린 시절 아버지가 주신 유산 : : 195

영화에서의 악당과 현실에서의 악당 : : 199

4부 준비하는 자세

그 자리에 맞는 사람이 그 자리에 앉았으면 : : 207

플랜 B를 준비하는 사람 : : 210

친절함은 강한 사람들의 것 : : 214
위기는 곧 기회다 : : 217
어떻게 살 것인가? : : 220
사업을 한다는 것 : : 222
미래를 꿈꾸는 사람 : : 228
살다 보면 : : 230
100세 학자의 조언 : : 233
성공 비결을 묻는 단골 질문 : : 235
따뜻한 커피와 차가운 커피 : : 239
누구나 미래는 궁금하다 : : 241

5부 일상에서

주차장에서 주차하는 차량을 보면 : : 249
지하철에서 내리고 타기 : : 251
퇴사 후 3년간 : : 254
문제가 없을 수는 없다 : : 257
돌아갈 줄도 알아야 한다 : : 260
남이 나를 알아주지 않아도 : : 263
우주에 관한 관심 : : 266
살아 있는 대가 : : 270
정의가 꼭 이기는 것은 아니다 : : 272
삐딱한 마음이 생길 때 : : 276

에필로그 : : 281

1부

인간관계

감정 치유를 위한 **인간관계론**

동전의 양면

동전에는 양면이 있다. 그렇듯이 세상에서 일어나는 대부분의 일이 동전의 양면과 같은 느낌의 경우가 많다.

사람도 마찬가지다. 평가하는 사람에 따라 좋은 사람으로도 평가를 받고, 반대로 나쁜 사람으로도 평가를 받는다. 특히 역사에서 그런 평가를 받는 분들이 간혹 있다. 다양한 의견을 경청하고, 옳고 그름으로 판단하지 말자. 옳고 그름보다는 다양성을 받아들이자.

필자가 아는 A 사장은 필자가 만난 사람 중에서 최고로 나쁜 사람이다(필자의 주관적인 생각이지만). 하지만 그를 아는 사람들은 A 사장을 호인이며 인상이 좋은 재력가로 말한다. 필자는 A 사장의 최측근으로 자금 관리를 수년 간 했었다. 누구의 말이 맞는가가 중요한 것이 아니다. 사람에게 있는 양면의 이중성을 파악하자.

동전의 양면처럼 세상에는 아름다운 것과 더러운 것, 기쁜 일과 슬픈 일이 공존한다. 그러므로 이번 주 운이 나빴다고 다음 주도 운이 나쁘지 않다는 것이다. 설령 나쁜 주가 되어도 다음 달은 행복한 주가 시작될 것이다. 옳고 그름보다는 다양성에 주목하는 것이 더 현명한 결정을 내릴 수 있을 것 같다.

팬심과 안티는
종이 한 장 차이

아주 오래전에 있었던 필자의 경험이다.

평소 필자가 좋아했던 연예인을 페이스북에서 발견하고 친구 요청을 했었다.

평소 TV에서 보고 그분이 예술가로 살아가는 자신만의 신념이 너무 좋아서 팬이 된 것이다. 페이스북에서 친구 요청을 하고 1주일, 1달, 1년이라는 시간이 지나도 응답이 없었다.

그 뒤로는 이유 없이 그분이 싫어졌다. 정말 팬심과 안티는 종이 한 장 차이 같았다. 시간이 흐르면서 좋았던 감정은 사라지고 TV에 나오면 채널을 돌렸다.

그런 일이 있고 나서 필자는 페이스북, 인스타그램을 하면서 누군가에게 친구 요청을 잘하지 않게 되었다(사회생활을 하면서 알고 있는 분이라면 친구 요청을 하지만). 대신 필자에게 친구 요청이 들어오면 대부분 요청에 대해 응답을 했다(의심되는 사람은 제외하지만).

세월이 많이 흘러 이런 생각을 하게 되었다. 그분이 페이스북 계정을 만들고 활동을 안 했을 수도 있다는 사실을. 지금도 잘 모르겠다. 팬심이 안티로 돌아서게 하는 것에 대한 필자의 마음을...

[좋아요] 버튼을 누르는 사람의 심리

페이스북이나 인스타그램, 카카오톡을 하다 보면 필자가 올린 게시물에 대한 [좋아요] 버튼에 대해 의식하게 된다.

필자의 지인 중 사회활동을 많이 하거나 현직에 있으면서 직위가 높은 분들이 글을 올리면 그 반응이 뜨겁다. 부럽다. 필자는 해당 게시물을 읽고 소심하게 [좋아요] 버튼을 누르고 퇴장한다.

필자가 분석한 [좋아요] 버튼을 많이 받은 게시물들의 특징은 다음과 같았다. 필자의 주관적인 생각이므로 신뢰는 금물이다.

❶ 여행지에서의 풍경 사진

❷ 외식 중 먹는 음식 사진

❸ 일상에서의 개인적인 사진

❹ 행사 중 사진이나 단체 사진

❺ 도움이 될만한 정보를 소개하는 게시물

❻ 자신의 솔직하고 담담한 독백이 담긴 게시물

❼ 최근에 발생한 이슈에 대한 생각을 담은 게시물

필자는 궁금한 것이 하나 있다.

항상 필자의 글을 보고 [좋아요] 버튼을 누르는 사람은 10명 정도이고 많아도 30명은 안 된다. 현재 필자의 페이스북 친구는 1,000명이 넘는다. 반면 페이스북 친구가 500명 정도 되는 필자의 지인은 올리는 게시물마다 150~200명이 [좋아요]를 누른다.

필자는 다음과 같이 생각해 본다.

필자가 올리는 게시물에는 관심이 없고 필자가 어떤 내용을 올리는지에만 관심이 있는 것 같다고. 오늘도 생각해 본다. 모두가 공감하는 게시물을 올려 공감을 받아야 하나 그렇게 하려면 어떻게 해야 하나. 또는 [좋아요] 버튼에 신경을 쓰지 말고 하는 일이나 열심히 하는 것이 좋은가. 사람에 따라, 상황에 따라, 다양한 심리분석이 가능한 것 같다.

반성할 줄 아는 사람

　세상을 살면서 자신의 행동이나 실언에 대해 반성할 줄 아는 사람을 만나기는 쉽지 않다. 누구나 실수를 할 경우가 있다. 그 부분에 대해 반성하고 사과를 하면 끝난다. 심한 경우 그에 대한 벌을 받으면 된다. 아주 간단한 문제다.

　세상 돌아가는 것을 보면 그렇지 않다. 자신의 잘못에 대해 회피한다. 나아가 포장도 한다. 겸손하게 반성하는 사람은 찾기 어렵다. 그것이 그렇게 어려운 일인가?

　필자가 아는 사람이 있다. 이 사람은 겉으로는 성인군자처럼 살지만, 실상은 그렇지 않다. 자신의 잘못은 아랫사람에게 전가하고 항상 좋은 역할만 하려고 한다. 하지만, 여전히 자신의 재력을 과시하면서 성인군자처럼 잘 살고 있다. 그 사람에 대해 잘 아는 몇몇을 제외하고는 대부분 잘 모른다. 최근 그 사람 집안에 아주 안 좋은 일이 있었다. 그 사람에게 가장 큰 피해를 본 필자의 지인이 이런 말을 했다.

"내가 언젠가는 하늘이 벌을 내릴 줄 알았어."

필자의 지인은 종교가 없다. 무교다.

자신의 잘못에 대해 당당하게 반성하고 미래를 도모하는 사람을 만나고 싶다. 그런 사람이 있기는 있을 것이다. 잘못한 부분에 대해 반성을 한다면 상대방은 위로를 받고 다시 시작할 수 있는 마음을 가질 것이다. 반성하지 않는 사람을 보면 필자의 마음도 아직 진행 중인 것 같다. 마음이 편하지 않다.

가진 자의 여유인가?
자만인가?

필자가 아는 B 대표가 있다. B 대표는 소셜미디어의 개인 소개 항목에 '포털사이트 N에서 검색'이라고만 되어있었다. 다른 어떤 소개 항목도 없었다. 필자가 처음 B 대표를 만나서 명함에 있는 소셜미디어를 찾아보고 알았다. 그때는 '참 특이한 분이네'라고 넘겼다.

필자와 만날 때마다 자신의 부를 자랑했었다(집을 넓힌 이야기, 사옥을 구매한 이야기, 경쟁회사를 인수한 이야기, 자녀 유학 이야기 등). 그래서 필자는 이렇게 생각했다. '가진 자의 여유인가?'
자신에 대해서 더 자세히 알고 싶다면 포털사이트 N에서 자신의 이름을 검색하면 된다는 자신감이 멋져 보였다.

코로나19로 만남이 자제되던 시기에도 가끔 문자나 전화 통화로 소식을 주고받았다. 알아봐 달라는 것은 알아봐 주었고 해결해 달라는 것도 조율해 주었다.

3년간의 그 시기가 모두에게 힘든 시기였던 것 같다. 코로나19를 지나면서 하던 사업의 매출이 떨어졌다는 소식을 전해 들었다. 정권이 바뀌면서 정책의 변동이 있었다. 작년에는 다른 회사에 자신의 회사를 매각했다는 소식을 B 대표를 잘 아는 지인을 통해서 들었다. 통화는 했지만, 더 묻지는 않았다. B 대표도 더 알려주지도 않았다. 안부 인사만 했다.

최근 B 대표의 소셜미디어에 들어가 보았다. 작년까지는 게시물이 있었다. 개인 소개 항목에는 '포털사이트 N에서 검색'이라는 내용은 사라지고 아무 내용이 없었다.

지금 생각해 봐도 가진 자의 여유인지? 아니면 자만인지 모르겠다.

다섯 명의 건물주 이야기

 필자가 개인적으로 잘 아는 다섯 명의 건물주에 관해서 이야기하려고 한다. 그분들의 공통적인 특징은 기업을 운영하는 대표자이며 직원들에게 좋은 평가를 받는 분들은 아니라는 것이다. 직원들의 평가에는 구체적으로 이런 것들이 있다. 명절 상여금 지급, 직원 경조사비 지급, 직원들의 급여, 직원들의 복리후생 부분, 대표자가 직원들에게 보여주는 행동, 대표자가 말한 부분에 대한 실천 여부, 일과 중의 말투 등이다.

 다섯 명의 사람들은 공통으로 건물주이자 한 기업의 대표로 업무처리에 있어서 정말 냉정하다는 것이다. 겉으로 보기에는 한없이 인자하고 자비로운 것 같지만, 속마음은 전혀 다르다는 것이다. 필자가 어떻게 아느냐고 물으면 이렇게 대답하고 싶다. 두 분은 함께 근무했으며, 두 분은 근무 시절에 거래하는 업체의 대표자였고 마지막 한 분은 20대 중반부터 알고 지내는 분이라서 너무나 잘 아는 분이라고.

성공이라는 양날의 칼날 속에서 두 분은 부모 중 한 분이 일찍 돌아가셔서 어린 나이에 가장이 되어 고군분투하면서 살다가 부를 이루었고, 또 두 분은 지방에서 아무것도 없이 서울로 상경하여 밑바닥부터 시작해서 부를 이루었고, 한 분은 중졸의 학력으로 말단부터 시작하여 공장장이 되었고 30대 중반에 독립하여 성공한 분이다.

다섯 분은 너무 어린 나이부터 고생해서인지 짠돌이라고 할 정도로 아끼고 잘 쓸지 않는 것 같았다. 모두 자녀가 있는데 자녀들은 그렇게 열심히 사는 것처럼 보이지는 않았다. 이런 분들이 직원들에게 조금만 더 베풀면 세상이 참 아름다울 것인데, 그렇지 못한 것이 항상 아쉽다는 생각을 한다.

이분들의 건물을 보면 한결같이 웅장하고 멋지다. 최근 한 분은 나이가 많으셔서 은퇴했다는 소식을 들었다. 필자에게 인간은 1단계에서 10단계가 있으며 어떻게 구분하는가를 알려주신 분이다. 그때 그분이 필자에게 9단계 정도라고 한 것 같다. 참고로 그분이 말하는 10단계는 수가 가장 낮은 사람 즉, 어리숙하고 만만한 사람을 말했다. 반대로 1단계는 수가 가장 높고 똑똑한 사람으로 평가를 했다. 순화된 표현인 똑똑하다는 것은 사실은 영악하고 계산에 치밀하다고 볼 수 있는 표현이다.

그 이야기를 들은 시기가 필자의 연령대가 30대 초반 정도로 기억이 된다. 25년 정도가 흐른 지금은 5단계 정도는 되었는지 모르겠다.

생각이 다르고
행동이 다를 뿐이다

필자가 항상 중요하게 생각하는 생활 철학 중 하나가 있다.

'옳고 그름은 없으며 단지 다를 뿐이다. 즉, 생각이 다르고 행동이 다를 뿐이다.'

상대방과의 의견 절충 시 100% 확신할 수 있는 옳음은 없다고 본다. 다른 차원에서 보면 옳지 않을 수도 있다고 본다. 그래서 무언가를 평가하거나 결정할 때 100% 옳음보다는 다른 부분이 있다고 생각한다. 상대방이 나와 뜻이 다르다고 해서 내가 옳고 상대방이 틀린 것이 아니라 나와 생각이 다른 것일 뿐이다. 즉, 생각이 다르고, 하는 행동이 다를 뿐이다.

가끔, 모든 것을 '흑백'의 논리로 보는 사람을 만날 때가 있다. 자신이 추구하는 것과 다른 사람은 배척한다. '흑'이 아니면 '백'인 것이다. 일단 그런 사람은 변하지 않는다. 그냥 피해야 한다. 그것이 그 사람을 존중하는 것이다. 오랜 시간 그렇게 살아온 사람을 바꿀 수는 없다. 바뀌지도 않는다. 바뀌려고 노력을 하지도 않는다.

자신과 의견이 다른 사람을 밀어내지 말고 그 사람의 이야기를 잘 들어볼 필요가 있다. 자신과 생각이 다를 뿐이지 그 사람이 틀린 것은 아니기 때문이다. 오히려 자신의 생각을 다른 방향에서 한 번 더 생각해 볼 수 있는 기회로 받아들이자. 분명 도움이 될 것이다.

속는 사람과 속이는 사람

세상을 살다 보면 항상 속이는 사람이 있기 마련이다. 속이는 사람도 조금은 불편한 마음으로 속일 수도 있다. 사기꾼이라면 이야기는 달라지겠지만, 속이는 행위는 어디에서든지 일어날 수 있다.

예전에 인성이 그렇게 좋지 않은 사람을 만났다. 당시에는 그 사람이 성인군자로 여겨졌다(정말 말을 잘했다). 한 9년 정도 알고 지내니 그 사람의 인성이 모두 나타났다. 그 사람이 한 이야기 중 이런 말이 생각난다(필자가 그 사람을 두 번째 만났을 때라고 기억이 된다).

'속이는 사람은 나쁜 사람이지요, 하지만 두 번까지는 속일 수 있지요. 사업을 하다 보면 말입니다. 세 번까지 속는 것은 속이는 사람보다 속는 사람이 더 나쁩니다.'

그때는 그 이야기가 무슨 말인지 몰랐다. 그 사람이 왜 그 이야기를 했는지. 나중에 깨달았다. 그날도 날 속이고 있었다는 사실을……

필자는 그 사람에게 여러 번을 속았다. 그 마지막이 그 사람을 안 지 14년이 지난 시점인 것 같다.

정말 대단한 사람이라고 생각한다. 필자는 지금 다음과 같이 생각한다.

'그 사람은 나쁜 사람이지만, 약간의 선물과 선심성 칭찬에 속은 필자의 잘못이 더 크다는 사실을.'

거래하는 관계에 있어서 선심성 칭찬은 듣기는 좋으나, 그 뒷면에 있는 진실을 모른다면 다시 한번 생각해 보자. 선심성 칭찬의 정확한 의도가 무엇인지를. 선물과 선심성 칭찬에는 공짜가 없다는 사실을 항상 생각하자.

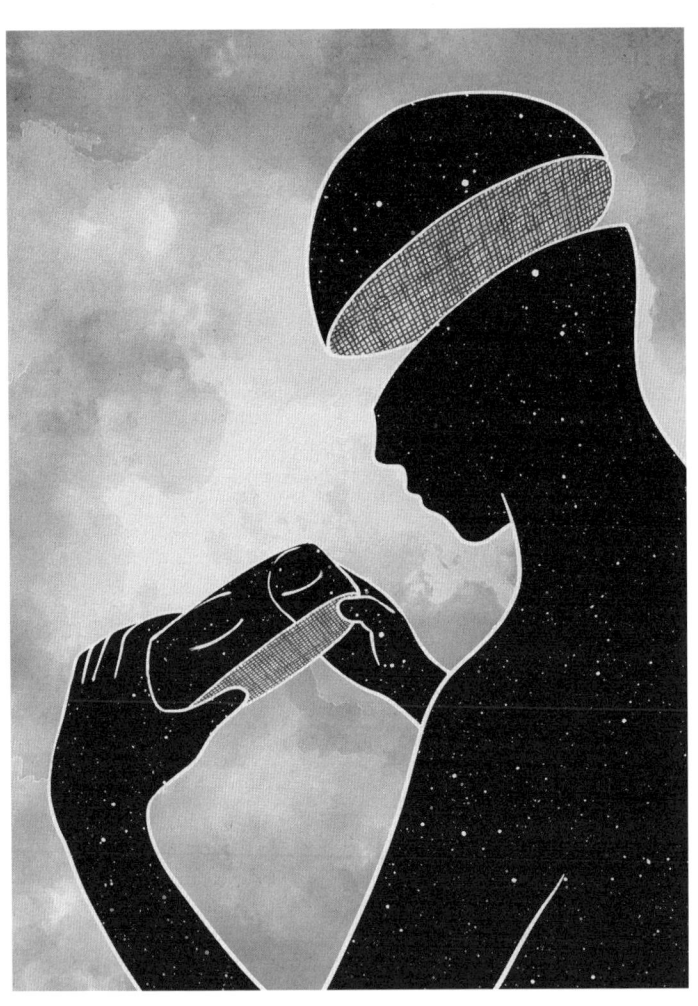

필요할 때만
연락이 오는 당신

자신이 필요한 것이 있을 때 그동안 연락하지 않았던 지인에게 연락해서 궁금한 것을 물어보는 경우가 종종 있다. 그것이 연이 되어 다시 연락하고 지내기도 한다.

너무 오랜만에 연락을 하는 경우 미안한 마음이 크지만, 그 문제에 해결하는 것이 급해서 연락을 취한다. 그래서 그 반대의 경우에도 상대방의 마음을 이해할 수 있다.
'얼마나 급했으면……'
'오죽했으면 수년간 연락이 없었던 내게 연락을……'

필자의 경험으로 너무 오랜만에 연락해 온 지인의 문제에 대해 너무 깊이 관여하지 말라고 충고하고 싶다.

개인사업을 하는 A 대표가 있다. 본인이 최근 시작한 새로운 사업에 대해 먼저 경험이 있는 필자에게 밤낮 가리지 않고 연락을 해 왔다. 그 모든 것이 해결되고 궁금한 것이 사라진 뒤 연락이 없었다. 안부 문자 한번 없었다.

프리랜서로 일하는 B 실장이 있다. A 대표와 같은 경우로 연락은 가끔 오는 데 항상 궁금한 것이 있을 때면 연락이 왔다. 너무 연락이 없어서 B 실장을 소개해 준 C 대표에게 물어보니 최근에 은퇴하고 제주도로 갔다고 했다.

궁금한 것이 생기거나 자문 받고자 연락이 오면 너무 개입하지 말고 적당한 선에서 답을 주자. 그래야 성심을 다해서 답변을 해주는 당신이 상처받지 않을 것 같다.

오랜만에
연락해 온 그대

가끔 오랜만에 연락이 오는 지인들이 있다. 필자가 경험한 K 지인은 평소에 카톡을 보내도 답장이 없다가 5년 만에 전화가 왔다.

오랜만에 통화를 하니 너무 반가웠던 것 같다. 그동안 잊고 살다가 목소리를 들으니 한때 좋았던 시절이 생각나서 일 것이다.

하지만, 그 관계는 잘 이어지지 않았다. 그냥 그 문제에 대한 답을 알고 있는 필자의 답만 원했던 것 같다. 질문에 대한 답을 주고 나면 또다시 연락이 없었다.

가끔은 몇 년 만에 찾아와서 건강 보조제를 구매해 달라는 경우도 있었고, 돈을 빌려달라고 한 적도 있었고, 결혼식이나 장례식에 오라는 경우도 있었다. 경우에 따라 다르겠지만, 1~2년도 아니고 4~5년 동안 연락이 없다가 갑자기 연락이 와서 그런 부탁을 하면 난처해질 수밖에 없다.

필자는 40대까지는 이런 경우들을 모두 받아 준 것 같다. 하지만, 이론적으로 살아온 날보다 살아가야 할 시간이 적은 50대에 접어들면서 인맥 다이어트에 들어가는 필자의 모습에 놀라고 있다.

항상 부탁만 하는 사람은 부탁만 하는 것 같고, 항상 도움을 주는 사람은 이유 없이 도움을 주는 것 같다. 그래서 생각해낸 것이 자주 연락을 안 하는 지인이라고 하더라도 1년에 2번, 설과 추석에 안부 문자를 보내는 것이다. 그렇게 연을 이어가 보도록 하자.

아들과의 약속을 지킨다는 정치인

평소 필자가 개인적으로 싫어하는 정치인이 한 명 있었다. 그 사람에 대해서 자세하게는 잘 모르지만, 그 사람이 속한 정당이 싫었고 그의 말투가 싫었다.

어느 날 TV에 나온 그가 이런 말을 했다.
'나는 자식과의 약속을 세상에서 가장 중요하게 생각하고 한번 한 약속은 무조건 지킨다.'
이 말을 듣고 필자는 그가 달라 보이기 시작했다. 그의 투박한 말속에 저런 신념이 있을 줄은 몰랐다.

필자도 자식들과의 약속을 꼭 지킨다. 애들이 어릴 때 마트에서 가지고 싶은 장난감을 사달라고 하면 다음에 꼭 사준다고 약속을 하고 추후 생일날에 꼭 사주곤 했다. 시간이 지나서도 필자가 약속한 것은 꼭 지킨다는 사실을 안 애들은 충분히 기다리고 보채지도 않았다.

약속은 중요하다.
친구와의 약속, 연인과의 약속, 자식과 약속, 부모와의 약속, 배우자와의 약속, 거래처와의 약속 등 중요하지 않은 약속은 없다.

살다 보면 약속을 잘 안 지키는 사람들은 간혹 본다. 멀리해야 할 사람이라고 생각한다. 약속을 안 지키는 사람과는 사업을 의논할 수도 없고, 일을 진행할 수도 없다. 약속을 지킨다는 것은 상대방에게 신뢰를 쌓는다는 것이고 자신의 신념을 보여주는 가장 원초적인 행위라고 생각한다. 자신이 먼저 약속을 잘 지키고 약속을 잘 지키는 사람을 곁에 두도록 하자.

나이가 들수록
인맥이 좁아지는 느낌

나이가 들수록 인맥이 좁아지는 느낌이 든다.

30대~40대에는 각종 모임이나 행사에 참석하면서 인맥을 쌓았다. 필자의 경우 50대 초반까지는 그랬던 것 같다. 코로나19를 지나면서 오프라인 모임은 현저히 줄어들고 줌(Zoom)을 이용한 온라인 행사나 강의들이 생겨나고 진행되었다. 그러면서 아주 가까운 지인들 간의 상조회나 운영진 모임 등이 아니면 오프라인 모임은 점점 참석하지 않게 되었다. 연말이 되면 예전의 시끌벅적했던 기억들이 새록새록 올라온다.

전화 통화보다는 문자, 카카오톡이나 페이스북 메신저 등을 많이 사용한다. 그래도 친한 지인들에게는 전화해서 목소리를 듣고 안부를 묻는다. 많이 변했다. 앞으로 더 많이 변할 것이다.

필자가 대학 다니던 시기에 나왔던 삐삐는 이제 볼 수도 없는 물건이 되어버렸다. 삐삐를 받고 삐삐에 찍힌 전화번호로 전화를 걸었던 시기의 감성이 갑자기 올라온다. 그때보다는 지금은 더 연락하기가 쉬운데 연락을 잘 하지 않는 것 같다. 바로 걸면 상대방의 목소리를 들을 수 있는데 전화를 하지 않는다. 꼭 전화해야 하는 경우면 문자나 카카오톡으로 통화가 가능한지 묻고 가능하다면 전화를 한다.

그러다 보니 자연스럽게 만나기 싫은 사람에게는 연락을 안 하게 되고 만남은 생각도 할 수 없게 되었다. 그래서 한번 꼬인 인연은 그것으로 끝나는 경우도 간혹 있다. 대부분 만나서 대화로 풀 수 있는 일들이다. 점점 각박해지는 세상을 살고는 있지만, 관계를 좋게 하는 한 가지 방법을 소개하고 싶다.

지인이 도움을 요청했을 때 최선을 다해서 알아봐 주는 것이다(관계를 계속 이어가고 싶은 지인인 경우). 이때에는 금전적인 부분은 제외하자. 돈 잃고 사람도 잃을 수 있기 때문이다. 금전적인 부분만 아니라면 최대한 성의를 가지고 도와주는 것이다. 도울 수도 있고, 못 도울 수도 있다. 그것이 그렇게 중요하지는 않다. 그 마음이 더 중요하다. 도움이 필요한 사람에게 도움을 준다는 것은 매우 행복한 일이 수도 있다. 마음을 열고 도울 수 있을 때 도움을 주자. 언젠가는 그 도움이 돌아올 수도 있다. 안 돌아온다고 서운해할 필요는 없다. 자신이 주는 마음만큼 돌아오는 것이 세상의 이치인 것 같다.

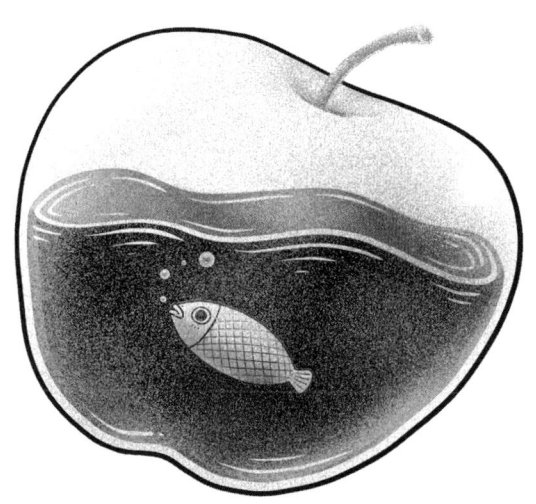

세상에 공짜는 없다

14년 전 필자가 새로운 일을 준비하던 시기의 일이다. 필자랑 5년 정도 함께 근무한 H 부장이 필자의 사무실로 찾아왔다. H 부장이랑 차를 마시면서 이런저런 이야기를 했다. 여러 번 필자의 사무실을 찾아온 H 부장은 필자에게 이런저런 조언을 지나칠 정도로 상세히 이야기해 주면서 걱정도 함께 해 주었다. 어느 날 H 부장은 필자에게 창업 준비 자금이 얼마였는지 물어왔다. 그동안 이런저런 이야기를 해준 그에게 술술 이야기를 했다.

몇 달 뒤 H 부장은 자신이 하려고 한 계약 건을 필자에게 넘길 것이니 자신에게는 작업비용 정도만 주면 된다고 했다.

당장 무엇이라도 하고 싶었던 필자는 구체적인 계약서도 없이 계약금 300만 원을 주고 H 부장이 가지고 온 건을 진행하기로 했다. 총비용이 3천만 원인 그 건을 다시 세밀하게 조사 및 점검을 해보니 1천5백만 원 정도면 할 수 있었던 것을 필자는 알게 되었고 앞으로 남은 잔금 2천7백만 원을 주지 않기 위해서 H 부장과의 계약을 파기해야만 했다. 세상에는 공짜라는 것은 없다. H 부장은 해당 일을 정확히 몰랐던 필자를 그냥 속인 것이었다. 필자는 그날을 3백만 원짜리 떡 사 먹은 날로 생각하고 잊기로 했다. 자세히 알아보지도 않고 초보자의 마음으로 계약한 필자의 잘못도 크기 때문이다.

그런 일이 있고 나서 필자는 누군가에게서 제안이 오면 일단은 확답하지 않고 확인을 하게 되었다. 그 일이 있고 나서 1년 정도가 지난 어느 날의 일이다.

총비용이 5천만 원이고 계약금이 5백만 원인 계약 건이 필자에게 제안이 들어온 것이다. 외국에서 국내 독점으로 가져오는 C 대표를 만나 저녁을 먹게 되었다. 당연히 필자가 저녁을 사야지 하고 나갔는데 C 대표가 기어이 사겠다고 해서 얻어 먹게 되었다. 금액이 높으니 1주일 정도 견본품을 가지고 시장조사를 하기로 하고 C 대표에게 견본품을 받았다. 1주일 정도 필자가 아는 지인들에게 찾아가서 자문 받았다. 그 결과는 진행하지 않는 것으로 결론이 났다. 자문 받기 위해서 만나 A 대표가 헤어질 때 이런 말을 했다.

'만약, 자네가 하지 않을 것이면 내게 소개를 해주게'

결국, 필자는 C 대표에게 A 대표를 소개해 주고 물러났다. 여의도에서 점심으로 삼계탕을 함께 먹고, 필자는 자리를 떴고, 두 분은 좀 더 이야기를 나누기 위해 커피숍으로 가는 것을 보고 발길을 돌렸다. 그때까지 그 계약에 대한 미련이 남았던 필자는 아쉬움이 많이 남았지만, 현실적인 상황에서 포기해야만 했다.

다시 시간이 2년 정도 지나서 C 대표에게 받은 건으로 A 대표가 상품을 만들고 그 상품이 실패한 이야기를 듣게 되었다. A 대표에게 미안한 마음이 들었지만, 차마 연락을 할 수는 없었다. 그 이후로 A 대표랑은 인연이 끝난 것 같다.

세상에 공짜는 없는 것이다. 필자가 3백만 원짜리 떡을 사

먹지 않았다면 더 큰 떡을 사 먹었을 것이다. 그때의 그 3백만 원은 일종의 수험료가 된 것이라고 지금은 생각이 된다.

어떤 이가 이런 말을 했다.
'그 사람이 좋은 것을 왜 자기가 하지 않고 당신에게 줄까? 일단은 의문점을 가지는 것이 좋아'
그리고
'그 사람은 자신의 물건을 판 것이고 결국 선택은 당신이 했으니 당신의 책임도 없지는 않다고 생각해'

떠날 사람은
언젠가는 떠난다

 필자의 경우 30대에서 40대까지 사람들과의 관계에 있어서 계속 함께하고 싶은 사람이 있으면 알게 모르게 챙겼다. 필자가 주관하는 모임이나 강연이 있으면 초대손님으로 모셔서 참가 비용을 받지 않고 즐길 수 있도록 해드렸다. 그런 사람 중 대다수는 지금까지도 좋은 관계를 유지하고 있으며 가끔은 도움도 받고 있다.

 간혹, 노력해도 관계가 이어지지 않는 사람들은 있다. 아무리 노력을 해도 관계의 끈을 이어가지 못하는 것은 필자의 잘못도 그 사람들의 잘못도 없다고 생각한다. 필자와 상대방 간의 접점이 없었기 때문이라고 받아들이면 된다.

세월이 흘러 필자가 40대 후반을 지나서 50대 중반이 되면서 깨달은 것은 떠날 사람은 언젠가는 떠난다는 것이다. 반면 떠나지 않을 사람은 떠나지 않는다는 것이다.

가끔은 시간이 지나고 나서 다시 만나는 사람도 있다. 그러므로 너무 사람에 대해 실망하거나 애처롭게 다가가지 않아도 될 것 같다는 생각을 하게 된다.

가만히 돌이켜 보면 처음 직장 생활을 시작할 무렵인 20대 후반에 만난 사람 중 지금까지 만나는 사람이 있는가?
30대에 이직 후 함께 직장 생활을 한 사람 중 연락을 하고 지내는 사람이 몇 명이나 있는가?
필자도, 그 사람들도 누구에게 잘못이나 문제는 없다. 그것이 인생이고 삶인 것 같다.

떠날 사람은 언젠가는 떠나고 떠나지 않을 사람은 떠나지 않는다는 생각으로 마음을 위로하고 싶다.

주변에 이런 사람이 있다면

요즘은 누구나 SNS를 하는 시대다. 페이스북, 인스타그램, 스레드 등이 대표적이다. SNS에 자신의 개인적인 이야기를 많이 올리는 데 그냥 애교 차원에서 넘길 수 있는 게시물도 있지만, 지나친 자신의 자랑을 올리는 사람들을 가끔 본다.

SNS에 사진과 함께 올리는 자랑하는 내용을 보면 자신의 학위 자랑, 집 자랑, 자동차 자랑, 자식 자랑, 강의하는 자랑, 돈 자랑, 상 받은 자랑 등이다. 만약 이런 내용으로 SNS 게시물을 만드는 사람이 있다면 일단은 친하게 지내지 않는 것이 좋을 것 같다. 상황에 따라 한두 번 정도는 올릴 수 있다고 하자. 하지만 여러 날에 여러 번을 반복적으로 올리는 사람이라면 거리를 두는 것이 좋을 것이다.

지인 중 그런 사람이 있다면 당신과 함께 한 부분에 대한 게시물이 있는지 확인해 보기 바란다. 있다면 그분은 당신과 함께한 시간이 자랑스러운 일이라고 생각을 해서일 것이고 만약, 없다면 그 반대일 것이다.

지나친 자신의 자랑은 피하자. 그렇지 못한 사람이 본다면 시기나 질투의 시선이 갈 것이다. '벼는 익을수록 고개를 숙인다.'라고 하지 않는가? 적절한 자신의 자랑도 중요하지만, SNS에서의 겸손도 중요하다고 생각한다.

정보만 얻고 싶은 심리

필자는 몇 개의 일을 가지고 있다. 그러한 일 중 하나가 상담업무이다. 기관 같은 곳에서 요청이 오면 상담 요청자를 만나서 상담을 하고 보고서를 작성해서 마무리했다. 자주 있는 일은 아니고 많으면 한 달에 1회 정도 있었다. 현재는 예산 지원이 중단되어서 하고 있지는 않지만, 7~8년 정도 한 것 같다.

상담을 요청한 분들을 만나면 10명 중 5명 정도는 자신의 현재 상황과 궁금한 점에 대한 정보를 최대한 적게 노출하고 최대한 많은 정보를 얻고 싶어 하는 것 같았다. 좀 더 상세한 상담을 위해서 상세히 물어보면 답을 하는 경우가 있었고,

상세한 정보를 주지 않는 경우가 있었다. 그러면 필자는 받은 정보를 바탕으로 답을 주곤 했었다.

상담도 컴퓨터의 원리와 비슷한 점이 있다. 컴퓨터에 많은 정보를 입력해야 좀 더 정확한 답이 나오는 것과 같은 원리 같다. 즉, 많은 정보를 얻고 싶으면 많은 정보를 줘야 한다는 것이다. 현실은 그렇지가 않아서 답답한 점이 많았다.

최근 필자가 상담을 받을 일이 생겼다. 필자 또한 그동안 만났던 사람들과 같이 정보를 최대한 노출하지 않고 최대한 정보를 많이 얻고 싶어 했다. 그때 깨달았다. 이것이 사람의 마음이고 다수의 심리라는 것을. 그렇다. 잘 모르는 타인에게 자신이 원하는 정보를 얻는다는 보장도 없는 데 자신의 정보를 최대한 노출하기는 어려운 것이다. 그동안 필자가 만난 사람들이 왜 그랬는지 이해가 되었다. 다시 상담업무를 시작한다면 상담자를 이해하는 마음으로 좀 더 잘할 수 있을 것 같다.

집을 왜 구매해

 필자의 2년 후배인 B 대표가 있다. 어느 날, 편한 시간에 만나서 저녁을 먹으면서 이런저런 이야기를 하다가 집 구매에 관한 이야기가 나왔고 주변 사람들보다 이른 나이에 집을 구매한 B 대표의 이야기가 궁금했다. 그래서 B 대표에게 어떻게 이른 나이에 집을 구매하게 되었는지 물어보았다.

 2001년 30살에 서울로 상경한 B 대표는 사촌 누나의 집들이에 갔었는데 평소 별로 안 친했던 매형이 이런 말을 했다고 한다.
 '앞으로 서울에서 계속 살 예정이면 집부터 장만하는 것이 좋을 거야'

그 이야기를 들은 시기가 2003년 정도였다고 한다.

당시 B 대표는 전세 1억에 살고 있었는데 외근 중 만난 거래처 사장들에게 집 구매 시점에 대해서 문의를 했었다고 한다.

평소 부동산에 관심이 많아서 아파트, 별장, 창고형 건물을 보유한 T 대표에게 문의하니, T 대표는 이런 말을 했다고 한다.

'새집에서 사는 것이 좋지 않을까? 집을 왜 사, 그냥 전세로 사는 것이 좋을 것 같은데'

그리고 다른 날에 만난 평소 인간미가 있는 H 대표에게 물으니 이런 말을 했다고 한다.

'현재 전세 1억에 살고 있으면 대출 좀 해서 아파트를 장만하는 것이 좋을 것 같은 데 잘 알아보면 1억 중반대에 20평대 아파트를 구매할 수 있을 거야'

B 대표는 2년 뒤에 24평 아파트를 구매하고 다시 몇 년 뒤 집값이 상승해서 팔고 현재는 40평대에 살고 있다고 했다. 현재 집값은 구매 시점에 대비해서 약 2배 정도 상승했다고

한다.

집 구매에 대한 자문 받은 날로부터 10여 년이 흐른 뒤 집을 구매하지 말라고 했던 T 대표는 번화가에 빌딩을 짓고 지금도 잘 살고 있고, 집을 구매하라고 했던 H 대표는 회사가 부도가 나서 파산을 했다고 한다. 파산 시점에 직원들의 퇴직급여는 모두 정산을 해주었다고 했다.

누구의 조언이 맞는가?

가끔 좋은 부동산이 있다고 전화나 문자로 연락이 온다. 최근에는 지식산업센터 입주 건으로 특히 연락이 많이 온다. 그렇게 좋은 부동산이 있으면 왜 필자 같은 사람에게 연락해 올까?

한 번 정도 의심을 해보면 좋겠다. B 대표의 이야기를 듣고 부동산은 타이밍이 정말 중요한 것 같다는 생각을 해본다.

안녕하세요

가끔 1년 혹은 2년 이상 연락이 없다가 연락이 오는 지인들이 있다. 대부분 필자에게 물어볼 것이나 부탁할 것이 있어서 연락 오는 지인들이 대부분이다. 처음에는 조금 불쾌했지만, 시간이 지나고 나서 다시 생각해 보면 불쾌하다는 생각을 하면 안 되겠다고 마음을 고쳐먹게 되었다.

10여 년 전에 별로 좋지 않게 만남을 끝낸 지인이 10여 년 만에 연락이 왔다. 자신이 계약한 곳에서 약속을 지키지 않는다며 이 분야에 있는 사람을 찾으니 필자가 생각이 나서 연락을 했다고 했다. 10여 년 전에 황당하게 계약을 파기한 후 연락이 없다가 그와 비슷한 일을 자신이 겪은 것이었다.

필자는 생각했다. 얼마나 긴박하고 연락할 사람이 없었으면 연락을 했을까? 그의 절박한 심정을 듣고 최대한 아는 부분에 대해서 알려주었다. 그는 너무 감사하다며 다시 연락을 주겠다고 하면서 전화 통화를 마무리했다. 약 2년 전의 일이다.

사람들은 자신이 필요할 때 먼저 연락을 한다.

작년에 텀블벅이라는 펀딩 회사를 통해서 펀딩을 진행한 적이 있다. 막상 이 내용을 홍보하려고 하다 보니 오랫동안 연락을 하지 않았던 지인들에게까지 연락해야 하는 형편이 되었다. 펀딩의 특성상 시작일로부터 1주일이 펀딩의 성공 여부에 크게 영향을 미치므로 최대한 알려야만 했다. 그래서 평소 연락을 안 하던 지인들에게까지 연락해야만 했다.

필자는 이번 기회에 데이터를 확보한다는 마음으로 기록을 남겼다. 최소 3년 이상 연락을 하지 않았던 지인에게 펀딩 내용을 보내며 후원을 요청했다. 결과는 이렇다. 총 20명에게 연락을 했는데 회신 온 사람 10명이었다. 10명 중 한 명도 펀딩에 후원하지 않았다. 사실 후원보다는 반응이었다. 50%가 안부를 불어왔다는 것이 중요하다고 생각한다.

사람과의 관계는 참 어렵다. 하지만, 필자가 내린 결론은 이렇다.

몇 년 만에 연락이 온 지인이 있다면 당신과 다시 관계를 이어가고 싶은 마음도 있고, 부탁할 것이 있어서라는 것이다. 부탁한다면, 부탁을 들어줄 수 있다면 들어주고 그렇지 않아도 서운해할 사람은 없다. 한번 멀어진 관계는 봉합이 쉽지는 않지만, 관계를 이어가는 부분은 요청을 받은 당신이 결정해야 하므로 세상을 좀 더 넓게 보고 여유 있는 마음을 가질 것을 권하고 싶다.

뒤끝이 없다는 사람

가끔 자신은 뒤끝이 없다는 사람들을 만나는 경우가 있다. 일이 생기면 그때 화를 낸 뒤 시간이 지나면 잊는다는 것이 요점이다. 이런 분들이 한 가지 간과한 것이 있다.

마음의 상처는 사람에 따라 영원할 수 있다는 것이다. 특히 기억력이 좋은 사람에게는 더 그렇다.

뒤끝이 없다는 사람들은 자신의 시원한 성격을 이야기하지만, 상대방이 받은 마음의 상처는 생각하지 않는 것이다.

이런 말을 하지 않는가?

'몸에 난 상처는 시간이 지나면 치유가 되지만, 마음의 상처는 평생을 간다는 것을'

필자의 주변에도 자신은 뒤끝이 없다고 말하는 분들이 있다. 그분들을 이해하려고 노력을 한다. 그 사람의 성격이므로 이해를 해야만 된다고 생각을 하는 편이다. 지금은 충분히 이해하면서 살고 있다.

젊은 시절의 필자도 뒤끝이 없다고 말하며 살았던 것 같다. 하지만, 그때 상대방에게 준 마음의 상처는 관계의 단절로 이어졌다. 그래서 본의 아니게 좋은 사람들을 많이 잃은 것 같다. 그 이후로 필자는 화가 나면 말을 하지 않는 습관이 생겼다. 화가 나서 뱉은 말은 상대방에게 마음의 상처를 주기 때문이다.

필자는 성인군자가 아니므로 화나는 상황이 되면 화를 낸다. 하지만 시간이 지나서 얻는 것보다는 잃는 것이 더 많다는 사실을 깨닫고 화내는 습관을 멈추었다. 그래서 화가 나면 말을 하지 않는 습관이 생긴 것 같다.

상대방은 답답할 수 있지만, 화를 내면서 나오는 심한 말이 시간이 지나면 상대방에게 더 큰마음의 상처가 된다는 사실을 알기에 이 방법을 고수하는지 모르겠다.

거리를 두어야 하는 사람

=부정적인 이야기를 먼저 하는 사람=

항상 부정적인 부분을 먼저 생각하는 사람을 만나면 있던 힘도 빠진다. 그래서 부정적인 이야기를 많이 하는 사람은 거리를 두어야 한다는 것이 필자의 생각이다.

세상 모든 일이 긍정적이지는 않다. 하지만, 처음부터 부정적인 마음으로 접근한다면 될 일도 안 될 것이다. 무언가를 시작한다면 일단은 긍정적인 마음으로 시작하자. 좀 더 위험을 방지하기 위해서 부족한 부분에 대한 노력을 기울이면 된다. 긍정적으로 도전하는 것이 좋지 않을까?

=기쁜 일에 반응이 없는 사람=

기쁜 일에 반응이 없는 사람이 있다. 살다 보면 작은 경사나 좋은 일이 생기면 연락을 하기 마련이다.

'기쁨을 나누면 배가 되고 슬픔을 나누면 반이 된다.'라는 말이 있지 않은가?

그런데 아무런 반응이 없는 사람이 있다. 이런 사람도 멀리하는 것이 좋다.

타인의 기쁨에 배가 아픈 것이다. 그리고 아주 생각이 짧은 사람이다. 좀 더 마음을 열고 함께 기뻐해 주고, 함께 슬픔을 나누자. 진실한 마음은 깊은 관심과 배려로 돌아오기 마련이다.

약속의 의미

여러분들은 약속이라는 것을 어떻게 생각하는가요?

필자는 약속이라는 것은 꼭 지켜야 한다고 믿는 사람이었다. 하지만, 50세를 기점으로 많은 것이 변했다. 1번의 이혼과 2번째 결혼(재혼)을 하면서 가치관이 확실히 변했다. 이혼 전에는 이혼한 지인들을 보면 색안경을 끼고 보는 나를 발견했다. 나랑은 전혀 관계가 없을 것 같았던 이혼이라는 것을 어쩔 수 없이 해야만 했다. 필자가 자녀들을 양육하기로 합의하고 억대의 위자료를 지급했다(자녀들이 필자와 함께 살기를 원해서 필자가 양육하기로 했다). 사실 아직도 그에 대한 빚을 매달 은행에 갚고 있다.

다시 돌아가서 필자는 50세를 기점으로 많은 것이 변했다. 그전에는 약속을 중요하게 여겼다. 한번 한 약속은 절대로 어기지 않았다. 하지만, 꼭 그럴 필요가 없다는 것을 어느 날 깨닫게 되었다. 필자에게 갑자기 일이 생기거나 지킬 수가 없어진 경우 뒤로 미루거나 파기할 수 있다는 사실을 어느 날 각성했다.

필자가 직장인으로 생활할 당시 필자가 만났던 잘 사는 사람(건물주, 사장, 회장 등)은 한결같이 자신이 한 약속을 손바닥 뒤집기를 하듯 자주 했었다. 그런 것을 보면서 이해가 되지 않았다. 하지만, 살다 보니 약속이라는 것을 100% 지킬 필요가 없으며 상대방의 기분이 안 상하는 선에서 뒤로 미루거나 파기를 잘해야 한다는 사실을 깨닫게 되었다. 필자의 개인적인 사견이지만, 약속을 잘 안 지키는 사람들이 더 잘 사는 경우를 많이 본다. 손바닥 뒤집기의 달인들이 부와 권력을 쥐고 있는 것 같다는 생각이 든다.

아마 그분들은 타인과의 약속보다는 자신의 삶이 더 중요하다고 생각하는 것 같다.

넘지 말아야 하는 선

　자신과 1:1의 문제에서 가족을 언급하면서 험담을 하는 사람, 노인을 하대하는 사람, 동료들 간을 이간질하는 사람이 주변에 있다면 멀리하는 것이 좋다. 지금은 그 대상이 내가 아닐 뿐이지 언젠가는 내가 될 수도 있기 때문이다.

　가끔 영화를 보면 악당들도 절대로 건드리지 않는 부분이 있다. 100% 그런 것은 아니지만, 대부분 그렇다고 본다.
　당사자의 아내와 자식, 여성과 아이들, 그리고 노인은 함부로 하지 않는 것을 볼 수 있다. 만약 이 부분을 건드리는 사람은 처참하게 되는 것이 대부분이었다. 특히 미국 드라마에서 많이 볼 수 있다.

사람이 살면서 넘지 말아야 하는 선이 있다. 그런 선을 쉽게 넘는 사람은 피하는 것이 좋다. 누구나 다 아는 말 중 이런 말이 있지 않은가?

'똥이 무서워서 피해 다니는 것이 아니라 더러워서 피해 다닌다.'

피해야 할 사람은 피하고 가려서 만나야 할 사람은 가려서 만나다 보면 불행으로 가는 10% 정도는 막을 수 있다고 개인적으로 생각을 해본다.

여기서 가장 중요한 것은 상대방이 자신의 의도를 알지 못하게 하는 기술이다. 겉으로는 웃으면서 응대해야만 한다. 서비스 정신이 필요하다. 그래야 불필요한 오해나 원한 관계로 발전하지 않을 수 있다고 생각한다.

인간관계는 항상 힘이 든다. 내가 잘해 줘도 문제가 되는 경우가 있고, 내가 못해 줘도 문제가 안되는 경우가 있다. 사회 초년생이나 중장년층이나 사람과 사람의 인간관계는 힘이 든다.

뚜렷한 해결 방법은 없다. 다양한 상대방에게 일괄적인 자신의 행동을 그때그때 변화해서 처신할 수도 없다. 사람에 따라 다르게 처신을 한다면 너무나 피곤한 인생이 될 것이다.

사람마다 생각이 다르고, 하는 행동이 다르다는 사실을 먼저 인정하자. 상식을 벗어나 너무나 다른 행동을 하는 사람을 보더라도 이해하고 존중하자. 그리고 나의 말보다는 상대방의 말을 먼저 들어주고 이해해 보려고 노력하자.

나이가 어리다고 성질이 없고, 나이가 많다고 성질이 있는 것은 아니다. 너무나 많은 사람과 다양한 생각을 가진 사람들 속에서 자신의 유연한 행동이 자신을 빛나게 할 것이다. 만약 그룹의 리드라고 한다면 더더욱 생각이나 행동을 유연하게 해야만 한다.

인간관계는 어렵지만, 모든 문제점을 상대방의 입장에서 먼저 생각해 본다면, 그렇게 어렵지 않은 것이 인간관계라고 생각한다. 유연한 사고와 배려하는 마음으로 자신만의 길을 개척해나가자.

2부

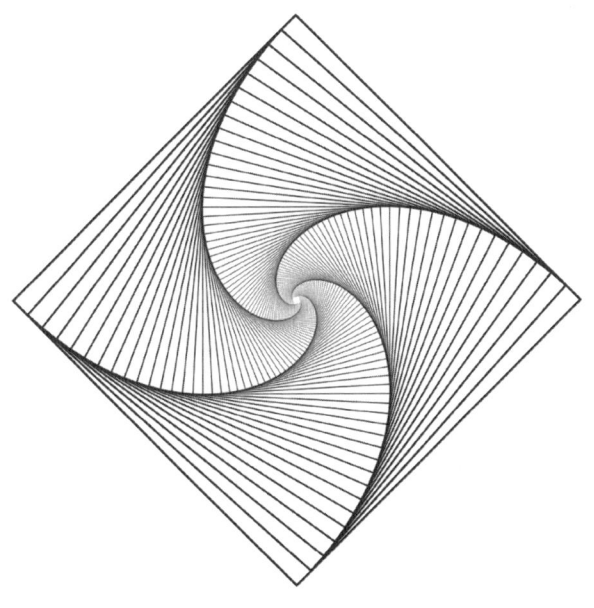

회사와 나

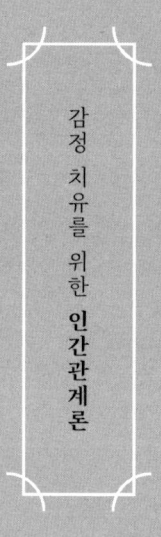

감정 치유를 위한 **인간관계론**

사장은 좋은 역할만 하고 싶다

 사장은 항상 좋은 역할만 하고 싶어 한다. 자신의 손에 X를(을) 묻히고 싶지는 않은 것이다.
 필자가 20대 후반 처음으로 직장 생활을 시작했을 무렵에는 사장의 이야기를 순수하게 100% 믿고 받아들였다. 어떠한 의심도 없이 하는 말에 다른 생각을 하지 못했다.

 잠깐의 공백기를 거친 뒤 30대 초반에 다시 직장 생활을 시작했다. 30대 초중반까지는 순수하게 직장 생활을 한 것 같다. 어느 날 직장동료인 S 과장이 이런 말을 했다.
 "이제 슬슬 시작하려나 봅니다."
 필자가 S 과장에게 되물었다.

"S 과장님 무슨 말씀인가요?"

S 과장이 말했다.
"2월 말에 연봉 협상을 하니 지금부터 회사의 분위기를 불안하게 조성하는 것 안 보이나요?"
필자가 S 과장에게 다시 물었다.
"S 과장님 분위기를 불안하게 한다는 것이 무슨 말인지요?"

S 과장이 웃으면서 다시 말했다.
"본부장님이 영업부는 매출실적으로 쪼이고, 관리부는 근태관리로 쪼이고, 구매부는 거래처 관리 소홀로 쪼이고 있잖아요. 1월 중순에서 2월 초가 최고조일 것입니다."
"그래야 2월 중순부터 시작하는 연봉 협상에서 직원들이 연봉 인상에 관한 이야기를 안 하거든요. 그 뒤에는 사장님이 있을 거예요. 본부장님이 이러는 것 매년 같은 시나리오 같은데 아직 눈치 못 챘군요."

사장은 직원들 앞에서 항상 웃으며 좋은 이야기만 하셨다.

설마 그런 일이 있을까? 필자는 그때 S 과장의 말을 믿지 않았다. 세월이 5년 정도 흘러서 필자가 S 과장의 위치가 되고 또 세월이 흘러서 필자가 본부장의 위치가 되니 사장님의 지시를 안 따를 수가 없었다.

S 과장은 비교적 빨리 이직을 했다. 지금 생각해 보면 느긋한 말투와 행동과는 다르게 눈치가 빨랐다는 생각이 든다. 이곳을 그만두고 더 나은 회사로 갔다는 이야기를 들었다.

사장은 항상 좋은 역할만 하고 싶어 한다. 자신의 손에 X를(을) 묻히고 싶지 않으므로 그 역할을 해줄 간부급 직원이 필요한 것 같다. 그 뒤로 필자는 상대방의 이야기를 100% 받아드리지 않고 이면에 배제된 무언가가 있을 것이라, 생각하고 다시 한번 더 생각해 보곤 한다.

자신의 이야기만 하는 당신

필자의 20대 시절 듣기 훈련이 부족해서인지 타인의 말을 귀담아듣지 않고 필자의 이야기만 열심히 했다. 그러다 보니 친한 남자친구도 별로 없고 여자친구와의 만남도 길게 가져가지 못했다.

그렇다고 지금은 많이 나아진 것도 없다. 단지 20대 시절보다는 조금 나아진 것뿐이다.

직장에서 보통 회의를 하면 사장만 이야기하고 직원들은 듣고만 끝나는 것이 대부분이다. 사장은 직원들의 의견을 들으려고 하지 않는다. 자신의 이야기를 따르기만을 바란다. 즉, '시키면 시키는 대로만 해라는 것 같다.' 필자의 직장 생활도 마찬가지였다. 가장 아쉬운 부분은 사장이 직원들의 이야기를 조금만 더 들어주고 필요하다면 작은 위로와 격려만 해주어도 큰 위안이 되었을 것이라는 생각을 많이 했다.

필자가 지금의 아내를 처음에 좋아하게 된 이유는 필자의 이야기를 잘 들어주어서였다. 그렇게 만남은 시작이 되었다.
가끔은 필자가 예전에 한 이야기를 다시 해도 처음 듣는 것 같은 느낌으로 듣고 있다. 이 사람은 상대방의 이야기를 잘 들어주는구나. 보통 같은 이야기를 하면 '예전에 한 이야기인데'라고 말을 끊는다. 지금까지 아내는 한 번도 그런 적이 없다. 아니 한두 번은 있었던 것 같기도 하다.

만약, 당신이 권력을 가진 사람이라면 이런 말을 감히 드리고 싶다.
공개석상에서 외치는 말은 꼭 그렇게 해달라는 것도 있지만, 내 이야기를 들어만 줘도 좋다는 것이 깔려있다. 권력자 자신의 잘 살아온 과거와 현재의 이야기보다 권력이 없는 보통 사람들의 말을 귀담아들어만 줘도 큰 힘이 되고 위안이 될 것이다.

조직에 너무 충실했던 나

필자는 대학을 졸업한 후 바로 취업을 했다. 그리고 20대 후반부터 40대 초반까지 직장 생활을 했다.

20대 후반에서 30대 초반까지는 회사를 겉도는 느낌으로 다닌 것 같다. 회사의 중요한 인물도 아니고 그렇다고 필요 없는 인물도 아니었던 것 같다.

30대 중반부터는 회사에서 중요한 업무를 맡게 되고 하는 업무가 좋아지니 자연스럽게 작은 권력도 생긴 것 같다. 그 권력에 취해서 정말 열심히 직장 생활을 했다. 아마 그때는 우리나라의 대부분 회사가 토요일 5시까지의 근무에서 2시까지로 바뀌는 시기였던 것 같다. 토요일 5시 퇴근이지만, 사무실에서 하든 업무를 정리하고 집에 도착하면 7시 정도가 되었던 것 같다. 그때는 직장과 1시간 정도의 거리에 살았었다. 일요일 하루 쉬는 것이 너무 고마운 평범한 직장인이었다.

세월이 흘러서 격주 휴무가 도입되었다. 격주로 토요일을 쉰다고 하는데 그때는 믿기지 않았다. 과연, 실행될까? 의문을 가졌지만, 실행되었다. 그리고 또다시 세월이 지나서 이제는 토요일에는 쉰다고 한다. 이것은 정말 실현이 안 될 줄 알았는데 이것 또한 이루어졌다. 과거를 돌이켜보면 엄청난 발전이었다.

이렇게 좋아진 근무 현실에서 필자는 조직에 충실했다. 회사 일이 많아서 야근을 많이 했지만, 행복했다. 회사를 위해 최선을 다했다. 사장의 스타일을 모두 파악한 필자는 때론 악역을 맡기도 했다.

세월이 흘러 필자도 직장을 그만두고 다른 일을 시작하다가 우연히 전 직장 동료를 만났다. 이런저런 이야기를 나누다가 전 직장 동료에게 이런 이야기를 들었다.
필자가 퇴사한 후 사장은 직원들에게 사장이 시켜서 했던 모든 일은 필자가 자발적으로 했으며 필자가 그만두면서 회사에 끼친 손해가 크다고 했다는 것이다. 필자는 사표를 내고 3개월 정도 후임자에게 업무 인수를 100% 하고 나왔었다. 그리고 그동안 수고 많았다며 전별금도 받았었다.

그 직장 동료의 이야기를 들으면서 많은 생각을 하게 되었다. 역시 직장 생활은 그때뿐이었구나. 만약, 지금 40~50대 직장인들에게 한마디를 하라고 한다면 이런 말을 해주고 싶다.

"자신을 희생하면서까지 너무 열심히 하지 마세요. 그리고 당신의 앞날은 당신이 개척하세요. 사장의 영원한 딸랑이가 안 되고 싶다면 50대 이후의 당신 삶을 지금부터라도 준비하세요. 너무 늦지 않게 준비하세요. 아주 조용하고도 엄밀하게."

현재의 일을 계속하고 싶다면 독립해서라도 어떻게 하면 잘할 수 있는지, 새로운 일이라면 관련 자격증을 취득해 두든지, 자격증까지 필요가 없는 일이라면 시작에 필요한 지식을 쌓아두는 것으로 준비를 해두면 좋겠다.

나이가 들면
입은 다물고

'나이가 들면 입은 다물고 지갑은 열어라.'라고 하는 말이 있다.

연령대가 다양한 모임에 참석한 적이 있다. 70대 중반으로 보이는 그 모임의 회장이 시작 인사말을 너무 오랫동안 하는 모습을 보고 조금은 놀랬다. 그분의 열정에 놀랐고 사회를 보는 분의 어쩔 줄 모르는 모습에 다시 한번 놀랬다.

장소 대여 시간이 2시간 정도였는데 회장의 인사말이 길어지므로 뒤에 발언해야 하는 사람들은 알아서 자신의 순서에서 짧게 말하고 넘어가는 분위기였다.

모임을 끝내고 집에 온 뒤 생각이 나는 것은 사회자의 당황한 모습과 뒤에 발언하는 사람들이 짧게 끝내고 돌아서는 모습이었다. 제일 말을 많이 한 분의 이야기는 전혀 생각이 나지 않았다. 그분은 말문이 떠진 어린아이처럼 거침없이 이야기했다. 한편으로는 아쉬움이 남는 시간이었다. 내가 좋아하는 분의 이야기를 좀 더 듣고 싶었는데 시간 관계상 그분의 이야기를 다 듣지 못했다.

나이가 들면 입은 다 물고 다른 사람의 이야기를 많이 들어주는 것이 좋지 않을까? 하지만, 이해는 된다.
누군가의 이야기를 들어주는 것이 얼마나 힘든 일인지를 안다.
가끔 아들의 이야기를 듣고 있다 보면 그 이야기에 끼어들어서 내 이야기를 하고 싶다는 충동을 느낀다. 참아야 했다. 아들의 이야기를 다 듣고 질문을 해야만 다음번 대화로 이어진다.

직장을 다닐 때 회의 시간은 사장의 호통과 질책의 시간이었다. 한참을 호통과 질책을 한 후 끝나는 것이 회의 시간이었다. 사장의 일방통행으로 좀 더 발전할 수 있는 시간이

고통의 시간이 되었다. 필자도 그때 그 사장의 나이가 되었다. 타인의 이야기를 듣는 것이 얼마나 힘든지를 알게 되었다. 하지만, 대화나 공감을 위해서는 내 이야기보다 상대방의 이야기를 잘 들어줄 필요가 있다. 거래하는 거래처 담당자의 이야기, 자녀의 이야기, 아내의 이야기 등을 귀담아서 듣다가 보면 상대방을 더 잘 이해하는 계기가 된다.

지갑은 열지 않더라도 상대방의 이야기를 귀담아서 듣는 습관만이라도 가져보는 것도 좋을 것 같다. 처음에는 힘들 것이다. 특히 자신의 이야기만 많이 하는 사람이라면 더 어려울 것이다. 하지만, 시도해 보자. 상대방이 날 알아봐 달라고 하기 전에 내가 먼저 상대방을 알아보자. 그 시작이 '상대방의 이야기를 잘 듣는 것'이라고 생각된다.

겉으로 웃는다고 해서

　겨울이 끝나고 봄이 오는 시점이었다. 아마 3월 정도로 기억이 된다. 사장실을 지나는데 안에서 들려오는 사장의 말에 경악한 적이 있었다. 항상 웃으면서 직원들을 대하는 사장의 입에서 저런 말이 나오다니.

　경리부장이 영업부에서 올라온 결재서류 중 거래처 담당자의 부친상, 거래처 사장의 모친상, 장모상을 결재받고 있었던 것 같다. 그날 유독 조의금 결재가 많았던 것 같다. 환절기라서인지 감기 환자가 많았던 시기였다.

　"환절기라 더럽게 많이 죽네, 이런 곳까지 다 해야 해"

필자의 조부가 돌아가셨을 때도 조의금을 결재받아서 문상 오신 영업부장이 사장이 안 좋은 이야기를 하면서 결재를 했다는 이야기를 나중에 전해 들었다. 설마 정말 그랬을까?(당시에는 영업부장의 말을 흘려들었다. 조부상을 마치고 출근한 필자에게 진심으로 위로를 하는 사장의 모습이 생각나서였다) 사장의 말을 문 너머에서 들으니, 영업부장의 말이 사실이었던 것을 확신할 수 있게 되었다.

항상 겉으로 웃는 사람의 그 모습이 그 사람의 전부는 아니라는 것이다. 사람의 겉모습과 겉으로 하는 행동만 보고 그 사람을 판단하지 말자. 정말 무서운 사람은 이중의 얼굴로 우리 앞에서 우리를 조정하는지 모른다.

겉으로 웃는 사람의 그 모습이 그 사람의 전부는 아니다.
뒤에 숨겨진 본 모습을 상상이라도 해보자.
그렇게 해야만 진실을 알 수 있다.

사냥개는 사냥이 끝나면 죽는다

토사구팽(兎死狗烹)이라는 고사성어가 있다.
고사성어의 뜻은 다음과 같다.

토사구팽(兎死狗烹, 토끼가 죽으면 토끼를 사냥하던 사냥개도 필요가 없게 되어 사냥개 주인이 사냥개를 삶아 먹는다는 뜻, 즉 필요할 때는 이용하고 필요 없을 때는 버리는 경우를 이르는 말)

우리나라 역사에도 많이 등장한다. 나라를 함께 건국하고 난 뒤 개국공신 중 위협이 되는 공신들은 모두 제거되었다. 회사도 그렇다. 함께 창업했거나 창업 초창기 인력이어도 회사가 자리가 잡히고 성장하게 되면 능력이 떨어지거나 발전에 도움이 되지 않는 인원은 정리가 된다. 그 자리는 새로운 인재로 채워지고 앞에 근무한 사람들과 새로 입사한 사람들의 피와 땀으로 새로운 회사가 재탄생하는 것이다.

그래서 우리는 늑대나 하이에나로 살아야 한다. 조직에 길들지 않는 하나의 주체로 살아야 한다. 가끔 예전에 함께 직장 생활을 한 사람의 말이 생각난다. 그는 입사 후 첫 회식 자리에서 이런 말을 했다.
'전 이 회사에 뼈를 묻고 싶습니다.'

그 직원은 입사 6개월도 안 되어서 실력 부족으로 정리가 되었다. 직장이란 곳은 내가 계속 다니고 싶어도 평가에서 낙오가 되면 나가야 한다. 그러므로 항상 늑대나 하이에나처럼 저돌적으로 살아야 한다. 내가 설령, 회사에서 정리가 되었다고 해도, 내가 회사를 버린 것이지 회사가 날 버린 것이 아니라고 생각하자. 그리고 토사구팽을 당하지 않도록 항상 자신을 성장시키자.

사냥개는 사냥이 끝나면 죽는다. 자신이 사냥개가 되지

않으려면 직장 생활을 하면서 늑대나 하이에나로 살아가야 할 모든 것을 준비해야 한다.

가끔 K 부장이 생각난다. 필자에게 항상 '이제는 나도 창업해야지'라고 하면서 이런 이유, 저런 이유를 말하면서 미루든 K 부장.

그분이 아파서 병원에 있던 시기에 지인과 함께 병문안을 갔었다. 병원에 누워서도 밀린 업무를 보고 있는 K 부장의 모습이 지금도 뇌리에 남아있다. 지인에게 들은 이야기로는 50대 후반에 회사에서 정리해고가 되었고 지금은 그냥 집에서 쉰다고 했다. 가끔 지인들의 소개로 들어오는 일감을 비정기적으로 하고 있다고 전해 들었다.

필자는 친한 후배들에게 이런 말을 해주곤 한다.
"너의 평생직장은 직장 생활을 하면서 지금부터라도 천천히 알아보는 것이 좋다."라고.

직장 생활을 할 때는 그곳에 평생 있을 것 같지만, 실제로는 그렇지가 않은 것이 우리의 삶이고 인생이다. 지금부터라도 늑대나 하이에나로 살아갈 준비를 하자. 고독한 포식자가 어떠한 환경에서도 생존할 수 있다. 일단은 경쟁 사회에서 생존해야만 새로운 일을 구상할 수 있다. 지금부터라도 준비하자.

자격증이 필요한 일이라면 미리 자격증을 취득하고, 자격증이 필요 없다면 관련 정보를 수집해서 정리하고 틈틈이 공부하자. 자신의 미래는 자신이 준비해야만 한다. 퇴근 후 친구와의 술자리도 좋지만, 불안한 미래에 대한 대비책을 미리 세워두는 것이 편한 마음으로 술자리를 즐길 수 있다고 생각한다.

사장의 마음은 갈대

예전에 잠깐 다녔던 회사에서 있었던 일이다. 회사 회식으로 회사 마당에서 수입 소고기를 불판을 이용해서 전 직원이 모여서 구워 먹었다.

처음으로 식당이 아닌 밖에서 하는 회식이어서 분위기가 좋았다. 남자 직원들은 불을 지피고, 굽고, 날랐다. 여직원들은 상추, 깻잎, 소스 등을 준비해서 야외에 마련된 이동용 테이블에 올려놓았다.

좋은 분위기로 회식은 마무리가 되었다. 직원들은 뒷정리를 시작했다. 가장 문제가 고기를 구운 불판이었다. 누군가 불판을 마당에 있는 수돗물로 세척(洗滌) 하려고 하니 사장이 인자한 말투로 시간이 걸리니 오늘은 하지 말고 월요일 출근해서 처리하라고 했다. 그날은 그렇게 마무리가 되었다.

몇 달 후 같은 장소에서 회사 회식이 있었다. 한번 경험이 있어서인지 금방 준비를 했다. 회식은 전보다는 익숙한 느낌으로 진행되었다. 두 번째여서 인지 처음보다는 안정적이었으나 신선하지는 않았다. 회식이 끝난 후 일사불란(一絲不亂) 하게 뒷정리를 했다.

정리를 마치고 모두 퇴근을 하려고 했는데, 갑자기 사장이 '왜 불판은 세척(洗滌) 하지 않느냐'며 소리를 쳤다. 직원들은 전처럼 월요일 출근해서 하려고 했다고 이야기를 했다. 그런데 사장의 역정은 끝나지 않았다. '먹었으면 깔끔하게 치워야지, 이렇게 월요일까지 두면 되겠느냐'며 다시 화를 내기 시작했다.

그 일이 있고 나서 회사 마당에서 고기를 구워 먹는 회식은 사라졌다.

20여 년이 지나서 곰곰이 생각을 해보니 이런 생각이 들었다.

'회식 비용이 생각보다 많이 나와서 계속하기가 그랬는데 직원들의 실수를 빌미로 더 이상 하지 않은 것이 아닐까?'

그 사장은 지금도 누구보다도 인자한 표정을 지으며 너무나 잘 먹고 잘 지내고 있다고 전해 들었다.

피는 물보다 진하다

 필자의 지인에게서 들은 이야기다. 필자의 20년 지기 지인인 A 실장은 다니던 회사에 큰 애사심을 가졌다고 한다. 매일 야근을 했으며 누구보다도 열심히 일했다고 한다. 그래서 명절이면 나오는 상여금 외에 사장에게 별도로 특별 상여금도 매년 받았다고 한다. 회사 일을 자기 일처럼 수년간을 하면서 직원들의 실수와 문제점을 발견하고 수없이 개선했다고 한다.

 어느 날 경리 직원이 회삿돈을 횡령하는 것을 발견했고 사장에게 보고했다고 한다. 경리 직원은 사장 여동생의 큰딸이었는데 해고되었다고 한다. 몇 년 후에는 거래처로부터 뒷돈을 받고 거래를 몰아준 구매부장의 비리를 알게 되었고, 그 사실을 사장에게 이야기했다고 한다. 구매부장은 사장의 친동생으로 그 또한 해고되었다고 한다. 그렇게 몇 년이 지났다고 한다.

어느 날 사장이 불러서 사장 방에 들어가니 그동안 직원들도 많이 그만두고 새로 입사를 많이 했으므로 구매부장에 대한 일을 아는 사람이 A 실장 외에 일부 몇 명만 알고 있으니 다시 구매부장을 재입사시키려는데 어떻게 생각하냐고 물었다고 한다. A 실장은 듣고만 있었다고 한다. 자신이 반대한다고 사장의 생각을 바꿀 수 없다는 사실을 알았기 때문이라고 했다. 구매부장은 다시 재입사를 하고 다시 몇 년이 지났다고 한다.

그동안 구매부장은 자신의 인맥으로 팀을 재구성했으며 다시 예전처럼 하기 시작했다고 한다. 결국, A 실장은 여러 가지 이유로 사표를 쓰고 나왔다고 했다. 어느 날 A 실장과 점심을 먹는데 이런 말을 했다.

"피는 물보다 진한 것 같아요. 직원으로 아무리 열심히 일해도 사장의 가족을 잘못 건드리면 옷을 벗어야 하는 것을 이번에 알았어요. 가족이 함께 근무하는 회사는 참 어려운 것 같습니다."

"그리고 전 그때 예감을 했어요. 구매부장이 재입사를 하면 저를 가만두지는 않는다는 사실을요. 전 구매부장이 재입사하면서 잠정적인 퇴사 일이 정해졌던 거예요."

A 실장의 이야기를 듣고 마음이 참 답답했다. 직원으로 있다는 것과 언젠가는 혼자가 된다는 사실을. 필자도 직장 생활을 길다면 길게 했었다. 왜 조금이라도 빨리 나의 길을 가지 못했는가? 가끔 후회도 된다. 부모님, 가족들은 아무 일 없이 직장을 열심히 다니는 필자의 모습이 보기 좋아한다는 사실을 알았기에 그렇게 한 것 같다.

독립해서 필자만의 일을 시작한 지 10여 년이 지나고 있다. 직장 다닐 때보다는 많이 벌지는 못하지만, 그래도 먹고 살 만큼은 벌고 있다. 그러면 된 것이라고 자위한다. 오늘은 A 실장에게 안부 전화라고 해봐야 할 것 같다. 새로 시작한 일은 어떤지 물어봐야겠다. 그의 성공을 진심으로 바라는 1인으로 간절한 마음으로 그를 응원하고 싶다. 그는 꼭 성공할 것이다.

회사에 남을 것인가?
나의 길을 갈 것인가?

'너는 듣고 있는가?
분노한 민중의 노래

다신 노예처럼 살 수 없다. 외치는 소리
심장 박동 요동쳐 북소리 되어 울릴 때

내일이 열려 밝은 아침이 오리라

너의 생명 바쳐서 깃발 세워 전진하라
살아도 죽어서고 앞을 향해 전진하라
저 순교의 피로서 조국을 물들이리라'

이상은 영화 레미제라블(Les Miserables)의 OST 중 하나인 '민중의 노래가 들리는가(Do you hear the people sing)'에 나오는 가사이다.

직장을 그만두는 것은 개인의 일이지만, 그 개인에게는 혁명과도 같은 일이다. 회사 조직의 보호(월급, 직위 등)에서 살 것인지? 아니면 홀로 시작하는 자신이 될 것인지? 언젠가는 결정을 해야 한다.

직장인이라면 항상 생각할 것이다.
'회사에 남을 것인가? 나의 길을 갈 것인가?'

필자의 경우 입사한 지 2년 정도가 지나면서 마음속에 사표를 항상 가지고 다닌 것 같다. 가장 큰 불만은 회사 조직의 불합리와 경영진의 일방적인 회사 운영이었다. 아무 생각 없이 회사를 다닐 수도 있었지만, 선배들의 불확실한 고용 안정을 보면서 지금은 젊지만, 언젠가는 선배들의 연령대가 되는 순간을 예측했다.

결론은 하나였다. '나의 길을 가는 것'이었다. 나름대로 준비를 하고 직장을 그만두었지만, 나의 길을 가는 것은 많은 희생이 동반되었다. 하지만, 지금 생각해도 필자의 결정은 옳았다고 생각한다.

누군가가 '회사에 남을 것인가? 나의 길을 갈 것인가?'를 고민한다면 조심스럽게 이런 질문을 하고 싶다.
"나의 길을 갈 준비는 되었나요?"
준비가 되어있지 않다면, 지금부터라도 준비하면 된다. 그럴 필요성을 못 느낀다면 회사에 남아서 열심히 일하면 된다. 선택은 자신만이 내릴 수 있다.

필자의 경우에는 자신만의 길을 가기 위한 준비 시간이 부족했다. 그래서 그로 인해서 받은 경제적인 손실 말고는 후회가 없다. 가끔 만나는 친한 후배들에게 이런 말을 한다.
'사장이 평생 너에게 월급을 주지는 않을 거야, 그러니 직장 생활을 하면서 앞으로 무엇을 할지 충분히 고민해 봐'

누구의 관점에서 볼 것인가?

 필자가 잘 아는 M 사가 있다. 이 회사는 꽤 오래된 기업으로 동종업계에서 장기근속자가 상대적으로 많은 회사이다. 근무 조건도 좋았고 운 좋게 회사도 매년 성장을 했었다. 세월이 흘러서 M 사의 대표는 회장이 되어 뒤로 물러나고 아들이 사장으로 진급을 했다. 10여 년 전부터 아들은 사원, 대리, 과장, 부장, 본부장으로 차근차근 진급했었다고 한다.

 M 사의 새로운 K 사장이 취임하고 달라진 것은 회장으로 물러난 아버지 시절에 근무했던 장기근속자들에 대한 대우였다.
 오늘날의 M 사가 있기까지 20대 중반에 입사해서 지금은 영업이사로 근무 중인 A 이사의 공이 컸다고 한다.

K 사장은 공공연한 자리에서 A 이사를 하대했다고 했다. 이런 일이 있었다고 한다. 회사 세미나 준비로 강당의 자리를 재배치해야 하는 데 A 이사를 불러서 그 일을 직접 하게 했다고 한다. 보통은 사원들이 하는 일이었다고 한다. A 이사는 나이가 들다 보니 다른 회사로 이직은 꿈도 못 꾸고 그런 일을 하면서 참고 있다는 이야기를 들었었다.

K 사장의 처지에서 생각하면, 나이가 들고 급여가 높은 A 이사가 별로 마음에 안 들었을 것이다. 자신이 보기에 아버지 시절에는 회사에 헌신했을지 몰라도 지금은 아니라고 생각을 했을 것이다.

A 이사의 처지에서 생각하면, 자신이 젊음을 바친 회사에서 자식뻘인 사장에게 그런 대우를 받는 것은 참기 힘든 일일 것이다.

냉정하게 삼자의 눈으로 보면, K 사장은 좀 더 젊고 행동이 빠른 그런 이사급을 원했을 것이고, A 이사는 자신이 평생을 바친 직장에서 정년까지 근무했으면 하는 생각일 것이다.

누구의 생각이 옳고, 누구의 생각이 틀린다고 단정하기는 싫다. 그냥 아쉽다는 생각이 든다.

K 사장은 아버지 때 많은 공이 있는 A 이사를 정년 때까지 직책에 맞는 일을 시키고 우대했다면 얼마나 좋았을까?

A 이사는 평생을 한 직장에 자신을 열정을 모두 소진하는 것도 좋지만, 좀 더 다른 준비를 했으면 좋지 않았을까?

이제는 20년 정도가 지난 이야기지만, 요즘은 그러한 현실이 너무 자주 일어나는 것 같아서 안타까운 마음이 많이 든다. 회사에서 열심히 일하는 나의 아버지, 친구, 후배들의 노력에 응원을 보내고 싶다.

'삶이 당신들을 힘들게 하더라도 잘 이겨내시기를 바랍니다. 그리고 사랑합니다.'

직원에 대한 생각

 필자가 잘 아는 F 사장이 있다. 필자가 만난 여러 명의 사장 중에서 가장 현실적이고 냉정한 사람이다. 그도 한때는 직원들에게 잘해줬다고 한다. 자신(F 사장)의 기준으로 직원들에게 잘해주었을 것으로 추측이 된다. 그래도 퇴사하는 직원들에게 좋은 이야기는 듣지 못했다고 한다. 그러한 상황들이 반복되면서 F 사장도 마음의 상처를 많이 받았을 것이다. 하지만 당사자에게는 처음 일어나는 일이므로 잘못을 논할 수는 없다. F 사장의 마음이 점점 나빠지는 것은 또 다른 차원의 이야기다.

 퇴사하는 직원은 미래의 동종업계 경쟁자임과 동시에 자

신의 우군이 될 수 있는 사람이다. 지금은 자신에게 월급을 받고 있지만, 차후 더 큰 회사의 대표로 성장할 수도 있다.

F 사장과 만나는 중에 이런 일이 있었다. F 사장이 운영하는 회사를 퇴사해서 독립한 E 사장이 있었다. 어느 날 필자와 점심을 먹던 F 사장은 E 사장의 험담을 하면서 '그는 곧 망할 것이다.'라고 말했다. 20여 년이 지난 지금도 E 사장은 잘하고 있다.

F 사장의 그 말을 생각하면 한때 자신의 회사를 위해서 일했던 사람에게 할 말은 아닌듯하다. 필자는 현재 F 사장과는 만나지 않는다. 가끔 그의 독설이 기억나지만, 회사를 운영하면서 수많은 상처를 받은 F 사장이 이해되지 않는 것은 아니다. 하지만 좀 더 미래를 보고 자신의 직원들에게 인간적으로 다가가지 못한 그의 모습이 아쉽다.

사람의 앞날은 누구도 모른다.
현재 자신의 직원이 평생 자신 밑에서 일하라는 보장은 없다. 그러므로 직원에 대한 생각을 다각화하여 할 필요가 있다.

　미래의 나의 고객이 될 수도 있고, 미래의 파트너가 될 수도 있고, 미래의 스승이 될 수도 있다. 사람의 앞날은 정말 모르는 일이다. 사람을 함부로 생각하고 판단하지 말자.

정말 이렇게 하고 싶을까?

5년 정도 다닌 회사에서 있었던 일이다. 고객지원부서에서 일하고 있었는데 갑자기 경리담당 부장이 퇴사하면서 후임이 올 때까지 6개월 정도 경리담당 업무를 겸해서 보던 시기의 일이다.

매일매일 발생하는 결재 건은 담당 경리가 작성해서 올려주면 사장에게 결재를 받아서 처리하는 방식으로 업무가 진행되었다.

다음 달부터 연봉 협상 시즌이 돌아오는 데 한 달 전부터 사장이 회사 통장 5개에 있던 돈을 모두 빼내어 가기 시작했다. 업무처리에 필요한 최소의 돈은 남겨두었다. 법인이 아닌 개인회사였기에 사장이 돈을 다른 통장으로 이동을 시켜도 아무 문제가 없었다. 매출 규모는 크지만, 개인회사여서 내는 세금이 많았다. 하지만 법인으로 전환은 하지 않았다. 몇 년 후 세무사의 설득으로 법인으로 전환을 한 것으로 안다.

어느 날 갑자기 인터폰으로 사장이 호출했다.
'B 과장, 지금 C 대리(당시 경리부 담당자)에게 회사 통장 다 받아서 가지고 와봐'
갑작스러운 호출에 당황했지만, C 대리에게 통장을 받아서 사장실로 들어갔다. 간부 회의 중이었다.
사장은 필자를 앉으라고 하고는 간부들에게 통장을 일일이 보여주며 현재 재정상태가 안 좋아 회사 통장에 돈이 없다며 확인해 보라고 하면서 간부들에게 보여주었다.

간부들은 회사 통장을 보면서 고개를 숙였다. 사장이 미리 돈을 빼 간 사실을 모르는 간부들은 회사 통장에 남은 잔액을 믿고 있는 것 같았다. 사장이 간부들을 보면서 이런 말을 했다.
'B 과장이 더 잘 알듯이 지금 재정상태가 이런 상태야. 그

렇지 B 과장.'

'예, 그렇습니다. 사장님.'

차마 당신이 돈을 다 빼가서 통장의 잔액이 별로 없다는 사실을 말하지 못했다.

그해 연봉 협상은 몇몇을 제외한 대부분이 동결로 마무리가 되었던 것 같다. 인상된 사람 중에 필자도 있었다. 그 사장은 지금도 너무나 잘 살고 있다.

'세상이 원래 그런 것이다.'라고 생각하면서 그 시절의 부끄러움을 이야기했다. 다시 그런 상황이 온다면 어떻게 대처했을까?

생계를 책임지는 위치에 있다면 직장은 정말 중요한 부분이다. 좋은 직장, 나쁜 직장을 나누기에 앞서 직장인으로 사는 것은 힘든 일과의 연속이다. 근무환경이 좋아도 연봉이 낮을 수 있고, 근무환경이 안 좋아도 연봉이 높을 수도 있다.

필자의 경험에서 말하면, 직장 생활에서 좋은 사장을 만나는 것은 하늘의 별 따기처럼 어려운 일이다. 그리고 좋은 직장 상사를 만나는 것 또한 어려운 일이다. 좋은 사장, 좋은 상사를 만나도 좋은 직장 동료나 후배를 만난다는 보장은 없다.

피해 갈 수 없는 직장 생활이라면, 직장에 나가야 하는 즐거움을 만들자. 회사 일도 하면서 틈틈이 자신의 일을 하자. 지금은 유명해진 K 작가는 힘든 현장 일을 하면서 머릿속으로는 글쓰기 소재들을 찾았다고 한다. 충분히 일하면서 상상은 할 수 있다. 그렇게 상상한 이야기의 소재들은 쉬는 시간에 메모를 해두고 퇴근 후 집에서 문장으로 만들고 이야기를 완성했다고 한다.

월요일, 출근해야 하는 직장인들에게 감히 조언하고 싶다. 직장에서는 당연히 회사 일이 우선적으로 해야만 한다. 하지만, 틈틈이 남는 시간에는 자신만의 일을 위한 상상을 하자. 이야기의 소재를 찾아도 좋고, 그림 그릴 소재를 찾아도 좋고, 새로운 배움을 위한 정보 수집도 좋고, 자녀들을 위한 좋은 정보의 수집도 좋고, 아내를 위한 요리 연구도 좋다. 즐거운 상상을 하자.

3부

사람과 사람

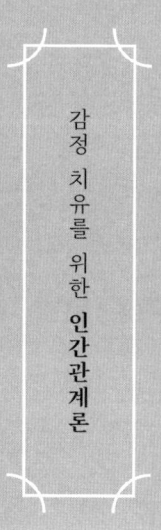

감정 치유를 위한 **인간관계론**

공감 능력이 없는 사람

필자가 아는 분 중에 공감 능력이 전혀 없는 분이 있다. 어린 시절부터 40년 정도 알고 지내는 사이인데, 그분과 이야기를 하다가 보면 전혀 다른 세상의 사람과 이야기를 하고 있다는 기분이 든다.

40년이라면, 강산이 10년에 한 번 바뀌었다고 보면 벌써 4번은 바뀌었다. 세상은 변하는데 그분은 자신의 젊은 시절의 가치관을 후배들에게 계속 강조하고 있다.

어느 날부터는 받아주는 것에 한계를 느꼈다. 그래서 일부러 시간을 내서 만나고 싶지는 않았다.

세상에는 다양한 사람의 성격들이 존재한다. 나와 의견이 맞지 않는다고 그 사람이 틀린 것도 아니고 필자가 틀린 것도 아니다. 그냥 생각이 다르고 가치관이 다른 것이다. 그 다름을 인정해야 한다.

공감 능력이 없는 그분은 항상 모든 일을 흑과 백으로 나누어 말한다. 자신의 의견과 맞으면 아군이고 다르면 적군으로 본다.

예전에는 이런 분들도 세월이 흐르면 어느 정도는 변할 것이라는 생각을 했었다. 하지만, 절대로 변하지 않았다. 필자가 할 수 있는 대안은 그냥 피해서 살아야 한다는 것이었다. 변하지 않을 사람을 변하게 하려다 보면 더 큰 화를 불러올 수도 있다. 사람의 성격과 가치관은 바뀌지 않으며 고치기가 어렵다는 것이 정답이다. 필자가 그분의 생각에 맞추든지 아니면 만나지 말아야 하는 방법뿐이라는 것을 최근 크게 깨달았다.

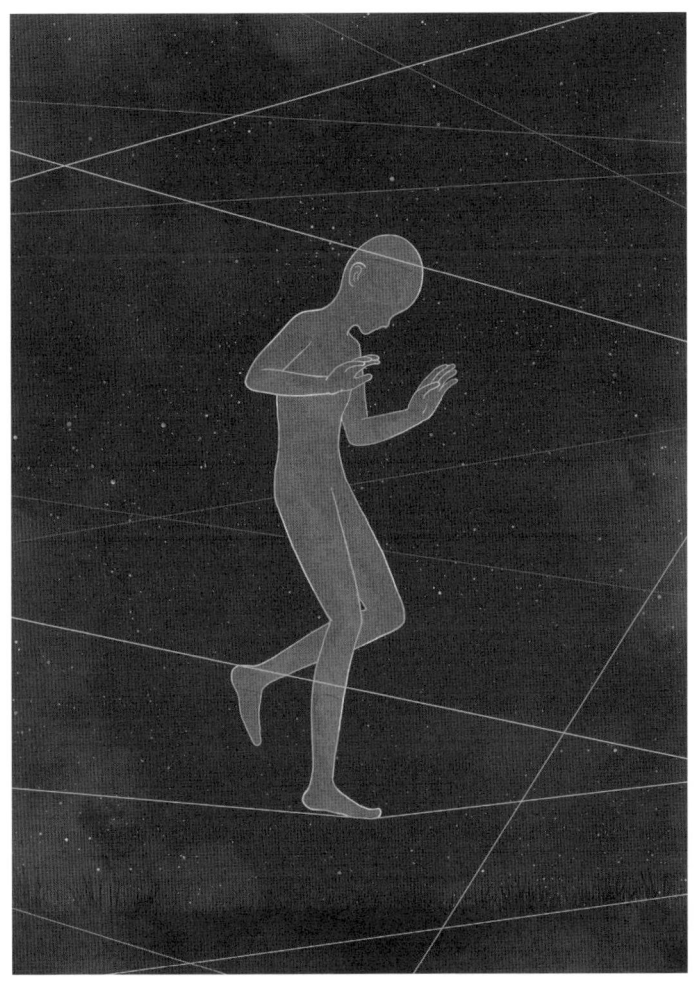

아버지와 자녀들의 관계를

어느 날 문득 이런 생각을 했다.

'아버지와 자녀들의 관계를 스승과 제자로 본다면 서로가 좀 더 이해하고 살 수 있지는 않을까?'

인생을 먼저 살아온 아버지는 자녀들을 제자라고 생각하고 살아오면서 얻은 귀한 지식을 알려주고 힘들었던 이야기도 해주면서.

아버지는 항상 자녀들이 어리다고만 생각을 하고 민감한 이야기나 어려운 이야기는 하지 않는 경향이 있다.

사실 자녀들은 아버지가 생각하는 만큼 어리지 않다. 반대로 기성세대보다 더 똑똑할 수도 있다. 자녀들이 어리다고만 생각하지 말고 자녀들에게 배울 점을 찾아보자. 분명 배울 점이 있을 것이다.

필자의 세대분(1968년생~1972년생)들은 대부분 부모님이랑 많은 대화를 하지 않고 사회에 나온 경우가 많을 것이다. 요즘 부모들은 그때보다는 자녀들과 많은 대화를 하는 것 같다. 여기서 기성세대들이 알아두면 좋을 것이 있다. 자신의 이야기보다 자녀들의 이야기를 더 많이 들어주는 대화를 해야 한다는 것이다. 자녀가 8~9마디 말을 한다면 부모는 2~3마디 정도의 말만 하면 된다.

자녀들에게 아버지가 아닌 인생의 선배이자 인생의 스승으로 다가가자. 그럼 자녀들도 한 걸음 더 다가올 것이다. 다시 한번 더 강조하지만, 내 말은 줄이고 자녀들의 이야기를 잘 들어주도록 하자.

생각나는 사람이 있을 때

일하다가, 또는 걷다가 갑자기 생각나는 사람이 있을 때에는 바로 연락을 하자.

10여 년 전에 필자의 고향 아저씨가 필자가 사는 서울의 큰 병원에 입원했었다. 고향에 계신 아버지께서 전화하셨다. 네가 있는 서울의 큰 병원으로 옮겼으니 병문안을 가보면 좋겠다고 하셨다. 하지만, 이런 일, 저런 일이 생겨 못 가다가 이제는 더 미루지 말고 가야겠다고 마음을 먹었다.

오랜만에 만나서인지 아저씨는 반갑게 맞이해 주셨다. 암으로 오랜 기간 투병을 하셨는지 살이 많이 빠져 있었다. 진작에 찾아와서 얼굴을 뵈어야 하는데 늦어서 송구하다고 말씀드렸다. 1시간 정도 이야기를 나눈 것 같다. 아저씨가 하신 말 중에 이런 말이 생각난다.

'아버지가 술을 많이 드시니 네가 자제하도록 자주 전화드려라.'

그리고 병문안을 마치고 가려는 필자의 손을 끌고 병원 구내식당에서 저녁을 먹게 했다. 거절했으나 계속 요청을 해서 식사를 했다. 본인은 먹지 않고 필자의 앞에 앉아서 이런저런 이야기를 해주셨다.

다음 해 어느 날, 아버지에게 전화가 왔다. 아저씨가 지난주에 돌아가셨다는 이야기를 하셨다. 어린 시절 동네 이장으로 오랫동안 일하신 아저씨였다. 필자와 직접적인 사연은 없었지만, 아버지랑은 아주 친한 분이셨다. 고생만 하시고 돌아가신 것 같았다. 남기고 간 재산으로 부인과 자식들은 큰 도움이 되었다고 들었다.

지금 생각나는 사람이 있다면 바로 연락을 하자. 문자도 좋고, 카카오톡도 좋고, 메일도 좋다.

부모님, 형제자매, 친구, 지인, 아내, 자식 등

아주 오랫동안 기다려주지 않는다.

지금 사랑한다고 말하고, 보고 싶다고 말하고, 고마웠다고 말하자.

나중이 아닌, 지금 하자.

악마의 유혹

유튜브에서 황창연 신부님의 온라인 강의를 들었다. 신부님이 강연을 다니면서 국회의원, 시장, 국장들과 만나면 그분들이 먼저 인사를 하곤 했다고 한다. 처음에는 나이도 어린 자신에게 인사를 하는 것이 부담되었다고 한다. 하지만, 시간이 지나면서 목에 깁스가 된 것처럼 되는 자신을 느꼈다고 하신다. 악마의 유혹이 시작된 것이라고 하셨다.

필자 또한 그런 비슷한 경험이 있다. 30대 초반의 일이다. 필자가 근무하는 회사에서 각종 제작물량이 나오는데 보통 외주 제작을 했었다. 처음에는 거래처 사장님들이 먼저 인사를 하고 환대했었다. 어린 나이에 매우 감사했지만, 시간이 지남에 따라 너무 당연하게 생각하는 필자의 모습을 느끼게 되었다. 점점 거만해져 갔다. 악마의 유혹이 시작된 것이었다. 그때는 그런 생각을 하지 못한 것 같다.

세월이 지나 새로운 직장으로 이직을 했는데 같은 업무를 보게 되었다. 하지만, 상황은 좋지 않았다. 앞에 다닌 회사는 외주업체에 결제 대금 정산을 정확하게 해주는 회사였고, 새로 이직한 회사는 외주업체에 결제를 100%가 아닌 50~70% 정도만 해주는 회사였다. 당연히 외주업체 입장에서는 결제가 안 좋은 회사였다. 외주업체에 항상 부탁만 하고 대접을 못 받는 신세가 된 것이다.

악마의 유혹은 한순간이지만, 배운 점이 많은 시절이었다. 자신에게 잘해주는 사람을 아래로 보거나 너무나 당연하게 받아들이면 안 되는 것이다. 상황은 언제든지 바뀔 수 있는 것이 인생이고 우리들의 삶이다. 지금 필자에게 연락을 해오는 외주업체 담당자는 없다. 분명 필자에게 문제가 있어서일 것이다. 지금 이 글을 보고 있는 독자분이 그런 위치라면 악마의 유혹에 넘어가지 말고 천사의 미소로 상대방에게 먼저 다가가자.

행복한 삶의 시작

　필자의 주변에는 부를 크게 이룬 사람도 있고, 여유는 없지만, 착하게 사는 사람들도 있다. 가끔 이런 생각을 한다.
　'꼭 성공해야만 하나, 성공의 기준이란 무엇일까?'

　필자가 아는 H 회장은 건물 자랑, 별장 자랑, 돈 자랑을 많이 한다. 그리고 타인의 이야기는 듣지 않고 자기의 생각대로 모든 것을 처리하기로 유명하다. 보통 당대에 많은 부를 이룬 자수성가한 분들의 특징을 모두 가진 분이다.

　어느 날부터 H 회장을 보면 웃는 얼굴의 이면에 또 다른 모습이 보이기 시작했다. 걱정, 불안, 초조, 경계심 등으로 표현될 것 같다. 시간이 많이 지나서 H 회장의 자금을 관리하는 총무부장과 친해지게 되었다. 총무부장은 아주 성실하고 착실한 사람이었다. 철두철미하게 일 처리를 하지만, 조금은 단순한 사람으로 보였다. 총무부장과 가까워진 어느 날 H 회장에 대해서 그동안 궁금한 점을 물어보았다.

"부장님, 회장님은 자산이 정말 많은 것 같은데 가끔 지나치다가 보면 얼굴 인상이 안 좋을 때가 있는 데 왜 그런가요?"

"자산은 자본과 부채를 합한 것을 말하죠. 회장님은 고정자산인 부동산이 많은 편입니다. 모든 부동산은 구매할 당시에 대부분 은행 대출을 했기에 은행 빚인 부채가 있습니다. 은행 금리가 상승해서 이자가 오르거나 자금이 잘 돌지 않을 때는 다른 곳에서 현금을 빌려 오기도 하고 그렇습니다. 보이는 것이 전부는 아니에요."

그러면서 몇 년 전에는 너무 신경을 많이 써서 기절한 이야기도 했다.

총무부장이 다른 곳으로 직장을 옮기면서 더는 H 회장의 소식을 모른다. 최근 집안에 큰 우환이 있었다는 이야기를 H 회장과 잘 아는 분에게 들었다. 가진 자산을 지키기 위해서 아등바등하는 모습이 일반적인 서민의 모습과 비슷하다는 생각이 들었다.

H 회장의 이야기를 듣고 필자는 이런 생각을 했다.
'내가 하고 싶은 것 하면서 어느 정도 벌이도 되는 삶을 사는 것이 가장 행복하지 않을까?' 그래서 수많은 직업 중에 사진작가가 직업 만족도 1순위로 높으며 행복하다는 방송 내용이 맞는 것 같기도 하다는 생각을 했다.
'지금부터라도 내가 하고 싶은 일을 하면서 벌이가 되는 직업을 찾도록 노력해야 하는지 모르겠다.'

당신에게 밥 사주는 사람들

개인적으로 정말 부끄러운 고백을 한 가지 해야겠다.

필자는 직장 생활을 16년 정도 했었다. A 도시에서 4~5년 정도 했고 B 도시에서 11~12년 정도 한 것 같다. 그런데 개인적으로 타인에게 밥을 사준 것이 손에 꼽힌다. A 도시에서 직장 생활을 했을 당시에는 나이가 어렸기에 밥값을 대신 낸다는 것이 익숙하지 않았다. A 도시의 경우 선배나 이사들이 많이들 사줬다. B 도시에서는 대부분 각자 낸 기억이 많다.

B 도시에서 회사 업무로 만나는 경우, 대부분 상대방이 밥을 사 줬다. 밥을 얻어먹고 커피 정도 샀던 것 같다. 필자는 밥 살 줄을 몰랐다.

독립한 후 대부분 만나는 사람들에게는 필자가 밥을 샀다. 만나서 아쉬운 부탁을 해야 해서 그런 것 같기도 했다. 그런데도 항상 필자에게 밥을 사주는 분이 있었다. 밥을 먹는 중간에 화장실을 가면서 밥값을 계산하곤 했다. 필자가 부탁할 것이 많은 분이었다.

세월이 흐르고 필자의 나이가 들면서 그분을 생각해 보았다. 그분은 필자가 알기로는 그렇게 여유가 있는 분은 아니었다. 그렇지만 항상 밥값을 냈다. 왜 그랬을까? 그분은 필자와 좋은 관계를 계속 유지하고 싶었던 것 같다.

거래 관계가 아닌 사람이 당신에게 항상 밥을 산다면 그분은 당신과 좋은 관계를 계속 유지하고 싶은 것이라고 생각을 하고 잘해드리자. 그분의 진심을 알아줄 필요가 있다. 필자도 세월과 나이가 들면서 깨달은 사실이다.

'거래 관계가 아닌데 항상 내게 밥을 사주는 사람은 나와 좋은 관계를 계속 유지하고 싶어 하는 아주 좋은 사람이라는 사실을'

친한 사람이 가장 무서운 이유

친한 사람이 가장 무섭다는 이야기를 종종 한다.

내 사정을 가장 잘 알기에 누구보다도 나를 자연스럽게 속일 수 있을 것이다. 친한 사람에게 속아본 경험이 없는 사람은 이해 못 할 것이다. 왜 속을까? 가끔 유명인이 매니저나 친구에게 사기를 당하고 나아가 친/인척에게 사기를 당했다는 뉴스를 보면서 이해하기가 어려웠다. 하지만, 그런 뉴스는 종종 나온다.

그래서 누구나 자신의 사정을 잘 아는 지인들이 나와 척을 지고 돌아선다면 무서울 수 있다고 본다. 그래서 주변인과의 관계에 있어서 어느 정도 선을 두고 지내야 한다는 주장도 이해가 된다.

예전에 필자가 개인적인 일을 시작하면서 계약금으로 날린 300만 원도 필자가 가장 잘 아는 사람이었고 개인적인 일을 하면서 물품 대금을 5년 정도 공급가보다 더 많이 받아간 사람도 필자가 잘 아는 지인이었다. 그리고 필자를 포함해서 주변인들의 거래처에 줄 돈을 모두 가로채고 잠적한 사람은 필자랑 수년간 함께 모임을 했던 사람이었다.

이런 일들을 많이는 아니지만, 3~4번 정도 경험하다 보니 친한 사람이 가장 무섭다는 생각이 들었다. 하지만, 더 좋은 사람이 더 많은 것에 위안을 받고 싶다. 이런 말로 당부드리고 싶다.
'어느 날 지인이 여러분의 일에 지나친 관심을 가지거나 지나친 호의를 베푼다면 일단 뒤돌아보자.'

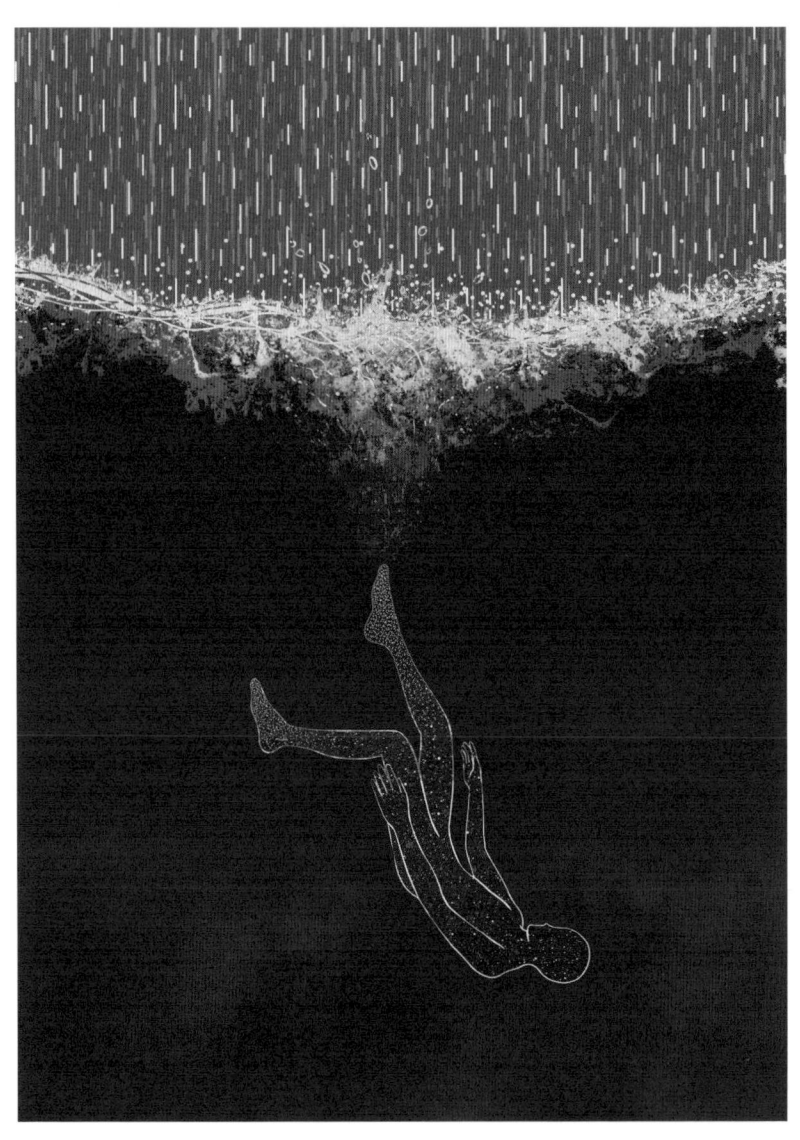

리드는 어렵다

　필자는 몇 개의 모임에 회원으로 가입되어 있다. 각 모임의 리드들이 모임의 시간을 잡을 때를 보면 그 리드의 인격이 나오는 것 같다.

　리드가 모임 시간을 잡을 때 일방적으로 잡는 사람과 조율하는 사람이 있다. 일방적으로 잡는 모임의 리드인 경우, 독단적으로 일 처리를 하는 것을 볼 수 있다. 참석률도 저조한 편이다. 반대로 회원들의 의견을 수렴해서 모임을 진행하는 리드의 경우, 번거롭고 시간이 걸리지만, 참석률이 높은 편이다.

　리드는 회원들의 말에 귀를 기울이고 시간이 걸릴지라도

한 사람, 한 사람의 이야기를 경청해야만 그 모임의 단합이 잘 되는 것 같다. 그래서 리드는 어려운 것이다.

사회의 작은 모임에서도 배울 수 있는데, 더 큰 조직이나 나랏일을 하는 사람들도 국민 한 사람, 한 사람의 목소리에 귀를 기울여주면 좋겠다. 시간이 걸리더라도 최대한 의견을 수렴해서 진행한다면 좀 더 나은 사회로 가지 않을까?

구조적 모순에 대한 대처 방법

 군 복무나 규율이 엄격한 직장 생활을 하다 보면, A 상사는 나무를 심고 길을 내라고 하고, B 상사는 길을 내고 나무를 심으라고 한다. 서로 반대로 업무 지시를 한다.

 이런 경우에 A 상사가 지켜보고 있다면 그의 지시대로 하면 된다. A 상사가 자리를 비우고 B 상사가 와서 지시하면 그가 지시한 대로 하면 된다.

 필자가 20대 후반에 이런 경우를 참 많이 겪었다. 그때는 반항을 자주 했다. A가 옳다느니 B가 옳다느니.
 하지만, 살다 보니 누가 옳고 누가 틀리지 않는다는 사실을 깨달았다. 상사의 지시를 받는 시기라면 모든 것을 받아들이는 것이 좋다는 사실을.

어느 정도 시간이 지나면 A 상사와 B 상사는 서로 합의를 하든지 지시를 조율할 것이다. 이렇게 하라면 이렇게 하고, 저렇게 하라면 저렇게 하면 된다.
구조적인 모순은 내가 처리할 수 없다. 시간과 경험이 어느 정도 도움은 되겠지만, 정답은 없다.

세상의 모든 일이 100% 옳은 방향으로 흘러가지 않는 것처럼 세상 모든 일이 내 생각대로는 되지 않는다. 그것이 인생이고 삶의 구조적인 모순의 민낯이 아닐까?

그 조직의 내부에 자연스럽게 스며들면 되는 것이다. 일단은 스며들고 자신의 목소리를 낼 수 있는 시기가 되면 그때 자신의 목소리를 내면 된다. 그때까지는 기다리는 것이 좋을 것 같다.

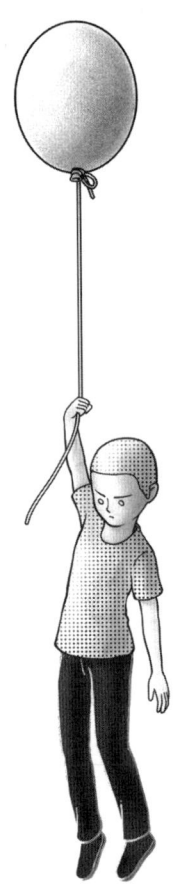

도움을 주지 못하더라도 상처는 주지 말자

 살다 보면 이런 일, 저런 일들을 겪게 되는 것이 인생이다. 곤란한 상황이 되었을 때, 가족이나 친지, 지인들에게 도움을 요청하게 된다. 그동안의 노력이 있었다면 만족할 결과를 얻을 것이고 그렇지 않다면 만족스럽지 못한 결과를 얻을 것이다. 살면서 가족이나 친지, 지인들을 많이 도왔는데도 별다른 도움을 받지 못한다면 여러 가지 생각을 하게 된다. 당연한 일이다.

 당신에게 가족이나 친지, 지인들에게 도움 요청이 온다면 어떻게 할 것인가? 자신이 도울 수 있는 부분에 대해서는 도움을 주는 것이 인지상정(人之常情)일 것이다. 만약에 여력이 없다면 진심을 담아서 현재 사정을 이야기하고 이해를 구해야 한다. 충분히 이해해 줄 것이다.

　상황은 언제든지 변경될 수 있는 것이 인생이다. 가장 중요한 것은 도움을 주지 못하더라도 상처는 주지 말자는 것이다. '말 한마디에 천 냥 빚을 갚는다.'라는 말이 있다. 간절한 도움 요청에 응답하지 못하더라도 상대방의 마음을 살피고 공감하자. 그것만으로도 상대방에게 작은 도움을 준 것이다. 물질적인 도움도 중요하지만, 정신적인 도움도 상황에 따라 상대방에게 큰 힘이 된다. 힘들 때 당신의 응원과 격려는 상대방에게 감사한 마음을 가지게 할 것이다.

　힘들 때가 되면 사람들의 진심이 나오기 마련이다. 도움의 손길이 없으면 나 자신의 대인관계를 탓하자. 도움의 손길을 준다면 잊지 말고 상황이 좋아지면 은혜를 갚도록 하자.

　'피레 찰론'의 명언이 생각난다.

> **'은혜를 입은 자는 잊지 말아야 하고
> 베푼 자는 기억하지 말아야 한다.'**

사람은 잘 변하지 않는 것인가?

보통 하는 말이 '사람은 변하지 않는다.' 또는 '사람은 고쳐서 사용하는 것이 아니다.'라는 말을 많이 한다.

처음 이 이야기를 들었을 때는 동의하지 않았다. 그런데 온라인 모임을 진행하다 보니 오프라인 모임에서 자연스럽게 많은 사람을 만나게 되었고, 그들과 소통을 하고 지내면서 잘 모르는 사람에서 조금은 아는 사람으로 관계가 발전되었다. 온라인 모임을 시작한 지는 24년이 넘었고 코로나19 기간을 제외하고도 20여 년간 이런저런 오프라인 모임을 진행했었다.

필자가 잘 아는 K 대표는 언제나 한결같이 자신에게 필요한 것이 있을 때는 꼭 연락하곤 하는데 필요한 것이 없으면 몇 년 동안 연락이 없다. 그래도 가끔은 서로 윈윈하는 것이 있어서 연락을 끊지는 못하고 있다.

필자가 아주 잘 아는 C 대표 또한 K 대표와 마찬가지인데 필자에게 바라는 것만 있어서 요즘은 필자가 먼저 연락을 하지는 않는다.

두 대표를 보면 언제나 느끼는 것이지만, 사람들이 한결같다는 것이다. 몇 년 동안 안부 문자 한번 없다가, 필자의 도움이나 자문이 필요하면 어제 만나서 헤어진 것 같은 느낌으로 연락해 온다. 항상 대단하다는 생각을 하면서 전화를 받는다.

필자의 나이가 50대 중반을 넘어가면서 하는 일 중 하나가 인맥을 정리하는 일이다. 요즘 100세 시대라고는 하지만, 필자는 100세까지 살 것 같지 않다. 그러니 '살아온 날보다 살아가야 할 날이 적은' 시점에서 필자가 좀 더 챙겨야 하는 사람과 그렇지 않은 사람으로 구분하게 되었다.

사람은 잘 변하지 않는다. 그냥 있는 그대로 받아주는 것이 정신건강에 이롭다. 자신이 좀 더 챙겨야 하는 사람을 더 챙기는 것이 앞으로 살아가면서 자신의 정신건강에 도움이 될 것 같다.

존재의 의미

 필자는 자식들에게 자신이 무엇을 좋아하며, 무엇을 하면 행복한지를 이런저런 시도를 해보고 찾기를 바란다고 말한다. 그리고 찾았으면 하고 싶은 것을 하면서 살라고 말한다.
 한번 사는 인생을 오롯이 자신을 위해서 살았으면 좋겠다는 생각이 아주 강한 편이다.

 어린 시절 아버지에게 받은 가르침이 그런 생각을 하게 된 가장 큰 요인이라는 생각이 든다. 그 시절에는 모든 부모가 그랬듯이 필자의 아버지도 오로지 공부만 강조했다. 친구도 못 만나게 하고 취미 생활도 할 수 없었다. 초등학교 때부터 고등학교 졸업 때까지 공부만이 가장 중요한 삶의 목표인 것 같이 살았다. 그래서 필자는 취미도 없고 친구도 없고 잘 놀 줄 모른다. 취미가 있다면 독서, 음악 감상, 등산 정도이다.

어떤 기사에서 본 내용인데 1970년의 출생자 수는 1,006,645명이며 1980년의 출생자 수는 862,835명이며 1990년 출생자 수는 649,739명이며 2000년 출생자 수는 640,089명이며 2010년 출생자 수는 470,171명이며 2015년 출생자 수는 438,420명이고 2020년 출생자 수는 272,337명이라는 데이터를 보았다. 1970년부터 2020년까지 50년간 출생률이 아주 많이 준 것을 알 수 있다.

인간이 태어나 삶을 살아가면서 이런저런 일들을 겪으면서 희로애락(喜怒哀樂)을 느낀다. 필자가 생각하는 가장 중요한 것은 자신의 존재 의미를 알면 좋겠다는 것이다. 세상에서 가장 중요한 사람은 자신이라고 생각한다. 그러므로 자신이 행복해 하는 일을 하면서 살아가면 좋겠다는 생각을 가장 많이 하는 것 같다. 그것이 쉽지 않다는 것은 잘 안다. 하지만, 노력은 해볼 수 있지 않은가? 우리들의 존재의 의미를 생각해 보고, 고민해 보자. 모두 행복하게 살았으면 좋겠다.

관계의 확인

 살다 보면 매번 도움만 요청하는 지인들이 있다. 필자의 경우에는 40대까지는 별다른 생각을 하지 않고 받아들였다. 필요한 정보가 있으면 인맥을 동원해서 알아봐 주고 필요한 자료가 있으면 줄 수 있는 것은 제공해 주었다.

 50대가 되고 나서는 '이런 것이 맞는가?'라는 생각을 하게 되었다. 그래서 어느 날 필자도 매번 도움만 요청하는 지인들에게 도움을 요청해 볼 생각을 하게 되었다. 그래서 생각해낸 것이 후원 사이트에서의 후원이었다. 사람들이 많이 진행하고 있는 텀블벅이나 와디즈와 같은 후원 플랫폼을 이용한 소액 후원을 요청해 보기로 생각했다. 보통 후원 금액은 15,000

원 ~ 20,000원 정도로 책정이 되었다.

역시 그동안 도움을 주고받던 분들이 대부분 후원을 해주었다. 별로 도움을 많이 안 주었다고 생각한 사람 중 생각보다 많은 후원을 해준 분들도 꽤 있었다. 이런 후원을 통해 사람들과의 관계에 관해서 확인할 수 있었다. 후원을 받으면서 느낀 점은 필자의 기준으로 많이 도움 준 사람이 후원을 많이 해주는 것은 아니고 별로 도움을 주지 않았다고 후원이 적은 것은 아니었다는 것이다. 마음을 확인하니 그동안 잘못 살았다는 생각이 안 들어서 좋았다.

자신이 타인에게 베푼 만큼 돌아오는 것이다. 도움만 받았다면 자신이 어려울 때 도움의 손길이 없을 것이다. 그래서 자신이 허락하는 여건 안에서 베풀어야 한다는 생각을 해본다. 꼭 자신의 형편에 맞도록 도움을 주는 것이 서로에게 좋을 것 같다.

사람들과의 관계는 항상 서로가 서로에게 도움이 되어야 그 관계가 지속력을 가지고 이어지는 것 같다. 오늘도 타인에게 도움이 되는 삶을 살아가 보려고 노력해 본다.

성공하지 못한 2가지 이유

성공한다는 것의 기준은 모두 다르다. 성공해야 좋은 삶이라는 보장도 없다. 성공하지 않아도 훌륭하고 사람들에게 선한 영향력을 주는 사람도 많다.

성공에 관해 이야기한다면, 필자가 성공하지 못한 2가지 이유에 관해 이야기하고 싶다. 어느 날 필자는 필자가 성공하지 못한 이유 2가지를 찾아냈다.

첫 번째는 '타인의 말을 귀담아듣지 않는다.'는 것이다. 그렇다. 필자는 상대방의 이야기를 귀담아듣지 않는다. 자신의 소신이 너무 강해서일까? 상대방의 이야기를 참고만 한다. 이

부분은 잘 변하지 않을 것 같다. 필자에게는 뿌리 깊은 불신이 있다. 정말 좋은 땅이 있으면 자신이 구매하면 되지 필자에게 왜 정보를 줄까? '기획 부동산'과 '지식산업센터' 입주에 속을뻔한 경험이 크게 작용한다.

필자의 지인 중 필자에게 부동산 구매를 적극적으로 말렸던 사람이 있었다. 하지만, 그분은 자신의 부동산 투자에는 열을 올렸었다. 2006년 그분의 말을 듣지 않고 아파트를 구매했다. 그것을 시작으로 이사 다니지 않는 생활을 할 수 있게 되었다. 그 시절 그분은 집 구매를 묻는 사람들에게 구매하지 말라고 주로 조언했었다. 그분은 유튜브에 나와서 강연하는 중 이런 말을 했다. '현재 100억 대 재산이 있으며 돈 걱정 없이 산다.'라고. 그 영상을 보면서 많은 생각을 하게 되었다.

두 번째는 '좋은 말을 듣고도 실천하지 않는다.'는 것이다. 요즘은 페이스북, 유튜브, 인스타그램 등에 좋은 동영상들이 차고 넘친다. 그런 좋은 정보를 보고, 듣고도 실천하지 않는다. 볼 때뿐이다. 그래도 최근에는 건강에 좋은 정보를 보고 실천하고 있다. 이런저런 정보 중에서 필자에게 맞는 운동방법을 찾은 것이다. 걷기가 좋다는 사람, 뛰기가 좋다는 사람,

헬스, 팔굽혀펴기, 등산, 줄넘기 등이 좋다는 사람이 있다. 여기서 가장 중요한 것은 자신에게 잘 맞는 운동을 찾고 그것을 꾸준하게 실천하는 것이라고 나름대로 생각한다.

필자가 찾은 운동방법은 다음과 같다(집 근처에 초등학교가 있어서 할 수 있는 것에 너무 감사하다).

몸이 덜 풀린 날에는 두 바퀴를 걷고 두 바퀴를 달리고 다시 한 바퀴를 걷는다. 필자는 2-2-1이라고 부르고 있다. 몸이 좀 풀린 날에는 한 바퀴를 걷고 두 바퀴를 달리고 다시 두 바퀴를 걷는다. 1-2-2라고 부른다. 가끔 뛰는 것이 힘든 날씨에는 한 바퀴를 걷고 한 바퀴를 달리고 다시 한 바퀴를 걷고 한 바퀴를 달리고 마지막에 한 바퀴를 걷는다. 1-1-1-1-1이라고 부른다. 결론은 상황과 몸 상태에 따라 초등학교 운동장을 다섯 바퀴를 도는 것이다.

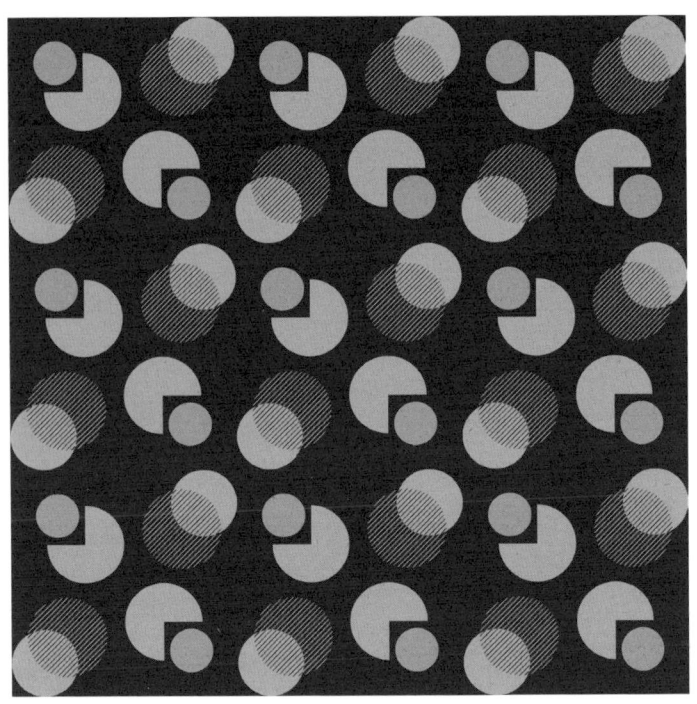

의심의 순간

예전에 어느 모임에서 강의를 했었다. 강의가 끝나고 나오는 길에 그 강의를 수강한 K 대표라는 분이 명함을 주면서 연락을 주겠다고 했다. 1주일 후 K 대표에게 연락이 왔다. 약속을 잡았다. 당시 필자의 사무실 근처 지하철역 부근 커피숍에서 만났다.

이런저런 자문을 부탁했고 그에 대한 비용을 지급하는 조건으로 일을 진행했다.

자문을 위해 K 대표의 본사 사무실을 방문했다. D 지식산업센터 단지에 입주해 있었다. 대표자의 방이 별도로 있었고 사무실도 좋아 보였다. 그런데 직원들의 모습이 별로 밝아

보이지는 않았다.

다음날에는 A 지점을 방문했었다.
사무실 인테리어는 화려했다. 그리고 복사용지의 빈 박스를 재활용하는 모습이 보기 좋았다. 화려한 사무실 한곳에 찢어진 벽지가 눈에는 조금 걸렸다. A 지점 직원들에게 교육하고 문서를 전달하는 업무를 3개월 정도 진행했었다.

3개월이 지나서 담당자와 이런저런 연락을 하면서 친해졌다. 그 중간에 급여가 밀렸다는 이야기도 듣고, 필자가 소개해 준 업체에서 대금을 받지 못하고 있다는 이야기도 듣고, 회사를 매각하려고 내놓았다는 이야기도 들었다.

그 중간에 가끔 K 대표를 만나서 점심도 먹고, 차도 마셨다. K 대표를 만날 때마다 왠지 모를 찜찜함이 있었다.
'회사 규모(본사 1곳, 지점 3곳)에 비해서 대개 검소한 분'
'회사 규모에 비해서 상급 관리자의 태도가 별로였으나 담당자는 성실한 점'
'바쁘다는 핑계로 일의 진행이 느리고 약속을 잘 지키지

않는다는 점'

'가끔 불미스러운 이야기를 듣는 점'

K 대표를 만나고 6~7년 정도가 지났다.

K 대표의 회사는 분리가 되어 다른 회사에 매각이 되었다.

초기 직원들도 매각된 회사에 그대로 승계가 되어서 업무를 진행했으므로 담당자와 몇 번 정도 안부 인사도 하고 업무에 관한 통화도 했었다.

담당자의 말을 종합해 보면 이렇다.

회사를 매각한 K 대표는 막대한 부를 취했고 직원들은 그만두거나 좋지 않은 조건으로 승계가 되어야 했다고 했다.

필자는 K 대표와 둘만의 계약이 별도로 있었는데 K 대표는 결국에는 약속을 지키지 않았다. 아직도 모든 일에 대해서는 잘 알지는 못하지만, 왠지 모를 찜찜한 점과 작은 약속들을 지키지 않는 점들을 분석하면 의심을 했어야만 했다.

K 대표도 처음에는 회사를 잘 운영해 보려고 했을 것이

다. 코로나19를 지나면서 관련 일들이 어려워지고 추진하는 일이 안 되었을 것이다. 그래서 회사를 다른 이에게 매각했을 것이다.

필자가 아쉬운 점은 그와 둘이서 체결한 계약 때문에 긴 시간 동안 별도의 자문료도 받지 않고 봉사한 부분이다. 그 계약만은 지킬 줄 알았는데 계약으로 묶어두고 자신의 이익만 취한 것 같아서 아쉽다. 인간적으로 좋은 사람이었는 데 돈이 사람을 변하게 했는지도 모르겠다.

가르치는 사람의 자세

예전에 고등학생인 작은아들을 보면 생각하는 것이 하나 있었다. 필자의 생각이 옳은 것인지, 그른 것인지는 모르겠다. 듣는 사람마다 모두 생각이 다를 것이다. 그것은 '가르치는 사람의 자세'에 대한 것이다.

필자는 가끔 대학교나 공공기관에 강의하러 가는데 강의를 듣는 사람 중 자는 사람을 발견하면 이런 생각을 한다.
'좀 더 재미있게 강의해야 하는 데 무엇이 부족해서 저 사람은 졸고 있을까? 좀 더 분발하자.'

학창 시절을 생각해 보면 수업을 잘하는 선생님은 친절하고 잘 가르치는 것 같았지만, 수업을 잘못하는 선생님은 호통 치는 경우가 많았던 것 같다. 지극히 개인적인 경험이다. 작은 아들의 이야기를 들어보면 아직도 그런 선생님이 있다는 사실에 좀 놀란다.

가르치는 사람이라면 자신의 수업 시간에 졸고 있는 학생이 있으면 먼저 자신이 지금 제대로 가르치고 있는지 확인을 좀 하면 좋겠다. 단순한 지식의 전달은 누구나 할 수 있다고 본다. 잘 가르친다는 것은 지식을 재미있고 흥미롭게 포장을 해서 전달해야 하는 것이 아닐까? 그래서 가르치는 직업이 어려운 것이다.

만약, 졸고 있는 학생이 있다면, 정말 피곤해서, 자신이 제대로 수업을 하지 못해서, 그런 것이 아닐까 한 번 정도는 생각하면 좋겠다. 배우는 사람의 태도도 중요하지만, 더 중요한 것은 가르치는 사람의 자세가 아닐까? 생각해 본다.

50대 중반이 되다 보니

 필자가 50대 중반이 되고 나니 보이는 것이 있다. 어느 날부터 명료하게 보이기 시작하는 것이다. 그것은 '피해야 할 사람'과 '다가가야 할 사람'의 구분이었다.

 먼저 '피해야 할 사람'은 만나자고 해도 만나면 안 되고 어쩔 수 없이 만나더라도 깊은 이야기는 하면 안 되는 사람이다.
 반면, 먼저 '다가가야 할 사람'은 만나자고 하면 꼭 만나야 하고 만나서 깊은 이야기를 해도 되는 사람이다. 그러나 항상 필자의 생각이 100% 맞는 것은 아니었다. 의외의 사람이 꼭 있기 마련이었다.

'피해야 할 사람'과 '다가가야 할 사람'의 구분은 각자의 기준으로 정하면 된다. 그 느낌을 믿어보자.

이러한 느낌을 위해서는 틈틈이 책을 읽고, 틈틈이 유용한 영상들을 보면서 자신의 지식과 간접경험의 경험치를 높여야 한다. 그렇게 하다 보면 100%는 아니더라도 50% 이상의 느낌을 얻을 수 있을 것이다. 하지만, 항상 그 예외적인 사람을 만나기도 한다.

행복이 밀려오면 생각나는 후배

대학 다니던 시절 너무나 잘 알고, 친했던 다른 학과 여자 후배가 있었다. 필자의 같은 학과 남자 후배의 동아리 친구였다.

그 여자 후배는 씩씩하고 자존심이 무척 강한 사람이었다. 그 시절 필자의 나이가 25세 전후로 생각이 된다. 30개월의 군 복무를 마치고 복학을 했을 때였다. 별로 철이 깊지 않았던 필자는 그 여자 후배에게 신세만 지고 해준 것이 별로 없었다.

그녀는 가끔 '빌리 조엘(Billy Joel)'의 'My Life'라는 노래를 즐겨 불렀다.

　세월이 흘러 필자는 지금 사는 곳으로 이사를 오고 그 후배는 미국으로 이민 갔다는 소식을 전해 들었다. 나중에 그녀가 즐겨 불렀던 'My Life'의 가사를 알게 되었고, 그 가사를 통해 그녀의 마음을 이해할 수 있었다. 그 노래를 듣고 30년이 지난 시점에 그 가사의 내용에 공감하게 되었다.

　그녀는 'My Life' 이외에도 미국의 록밴드 '4 Non Blondes'의 'What's up'을 즐겨 불렀다. 이 노래의 가사 또한 30년이 지난 시점에 그 가사를 이해했고 당시 그녀의 마음이 느껴졌다.

　좋지 않았던 가정환경을 잘 극복하고 성장해나간 그녀의 모습이 추억으로 새록새록 떠오른다. 특히 필자에게 주변의 좋은 소식이나 좋은 기분의 행복감이 밀려오는 날이면 그녀가 생각난다. 그녀에게 좀 더 배려했었어야 했는데, 그렇게 하지 못한 것이 계속 마음에 남아있어서 그런 것 같다.

　두 노래의 가사를 음미하면 불확실한 세상에서 누구보다도 꿈이 많았던 그녀의 진취적인 마음과 도전정신이 생각난다. 특히 영어를 잘했던 그녀는 미국으로 떠난 것이다. 늦었지만, 지금이라도 그녀의 도전정신과 행복을 감히 빌어본다.

시간이 되는 독자분은 유튜브에서 '빌리 조엘(Billy Joel)'의 'My Life'와 '4 Non Blondes'의 'What's up'을 들어보길 권하고 싶다. 그리고 그 가사를 주의 깊게 읽어보면 좋겠다.

아메리카노 한 잔의 여유

　과거를 돌이켜보면 필자의 40대 초반에는 힘든 시기였다. 하는 일마다 안되고 뒤로 밀리고 그랬다. 필자가 50대 중반이 되는 지금도 크게 나아진 것은 없다.

　필자는 30대 초반 직장 생활을 할 때 커피를 잘 마시지는 않았다. 마신다면 믹스커피 한잔 정도를 마셨다. 어느 날 직장 동료에게 연남동에 있는 분위기 있는 카페에서 아메리카노를 얻어 마셨는데, 그 맛의 여운이 너무 강렬했다. 직접 원두를 로스팅 해서 만드는 카페였는데 향과 맛의 깊이가 정말 좋았다.

그 시기에 우연히 영국의 소설가인 '리 차일드(Lee Child, 1954년~ / 리 차일드는 필명)'의 소설을 읽게 되었고 소설 속의 주인공 '잭 리처'가 식당에서 아메리카노를 마시는 모습을 상상하며 이야기에 빠져들면서 아메리카노에 빠져들었다. 주인공 '잭 리처'를 좋아하게 되었고 그가 항상 마시는 뜨거운 아메리카노에 빠져 버렸다. 그 이후로 '리 차일드'의 소설 중 국내에 번역되어 나온 소설은 모두 읽은 것 같다.

지금도 필자는 항상 뜨거운 아메리카노를 마시며 마음의 여유를 찾는다. 더운 여름에도 뜨거운 아메리카노를 마신다. 가끔 좋아하는 음악을 들으면서 마시는 뜨거운 아메리카노는 세상에서 가장 행복한 순간을 경험하게 만든다.

누구나 힘든 시기는 있다. 힘든 시기가 길고 클수록 더 잘 되는 경우를 많이 보았다. A 대표는 어린 시절 아버지가 일찍 돌아가신 후 어머니와 동생들을 돌보며 열심히 살았고 지금은 번화가 근처에 큰 건물의 건물주가 되어있다. B 대표는 중학교를 졸업하고 시골에서 올라와 이런저런 일을 하면서 기술을 배웠고 그 기술을 이용해서 공장을 크게 시작해서 많은 돈을 벌었다. 지금은 파주에 아주 큰 건물의 건물주가 되어있다. C 대표는 한국전쟁(6.25 전쟁) 시기 형과 함께 월남해서 한국에 정착한 분으로 A 대표와 B 대표와는 비교도 할 수 없을 정도의 부를 이룩했다.

가끔 힘든 현실을 마주할 때가 있다. 그런 경우 행복한 생각을 하고 마음을 재정리한다. 뜨거운 아메리카노를 마시면서 마음을 진정시키면 큰 도움이 된다. 지금 나만 힘든 것이 아니라고. 그리고 이 순간을 잘 극복하면 꼭 좋은 날이 온다는 진리를 믿기 바란다.

마음의 여유

평소에 마음의 여유가 있을 때는 지인이나 친구들의 SNS 게시물에 '좋아요' 버튼을 누른다. 그렇지 않다면 잘 누르지 않고 게시물만 보고 넘어간다.

프리랜서로 일을 하다 보면 수입이 일정하지가 않다. 많을 때는 많고 그렇지 않을 때는 적다. 대부분 적을 때가 더 많다. 살다 보니 생각하지도 못했던 돈이 생긴 적이 있다. 그동안 제대로 된 반지 하나 사주지 못한 아내에게 반지도 사주고 기분을 냈다. 속세에 찌든 소시민에게는 금전적인 여유가 있어야 마음의 여유가 생기는 것 같다.

옛말에 '곳간에서 인심 난다.'라는 말이 있다. 먹고 살 만큼 형편이 넉넉해야 남을 도울 수 있다는 뜻이다. 그렇다.

필자가 독자분들에게 하고 싶은 말은 이것이다.
"살다 보면 곳간에서 인심 나는 일은 별로 없다고 본다. 그러므로 스스로 마음을 내야만 한다는 것이다. 어렵지만, 마음의 여유를 가지고 먼저 마음을 열고 다가가야지 좋은 일이 생긴다는 것이다."

생각보다 마음의 여유를 가지는 것은 어렵다. 마음의 여유가 없다고 아등바등한다고 더 나아지는 것도 없다. 그러므로 마음의 여유가 없는 자신을 타일러서 마음의 여유를 가지게 하자. 그래야지만, 들어올 복도 들어오고 나갈 복은 멈춘다고 생각한다.

삶과의 마지막 인사

그렇게 친하지도, 그렇게 안 친하지도 않은 후배가 있었다. 코로나19가 잠시 잠잠해졌던 시기에 병문안을 갈 수 있게 되었다. 그날이 아니면 또다시 코로나19로 못 갈 수 있다는 생각에 1주일 전에 삔 허리의 통증을 참기 위해서 허리 복대를 하고 후배의 병문안을 갔었다. 그동안 많이 아파서 이 병원, 저 병원을 거쳤다는 이야기는 전화로 들었다.

병실에 들어서니 후배가 침대에 누워서 반갑게 맞이해 주었다. 이런저런 이야기를 했다. 평소에 하지 못한 이야기들을 많이 한 것 같다. 후배는 자신의 대학 입학 시절의 이야기와 결혼을 못 하게 된 이유, 해외여행에서 있었던 이야기 등을 이야기했다. 그리고 부모님에 관한 이야기도 했었다. 평소에 만나면 일반적인 이야기만 했었는데 그날은 개인적인 이야기들을 아주 많이 했었다. 1시간 30분 정도 이런저런 이야기를 했다. 마스크를 쓰고 참 오랫동안 이야기를 한 것 같다.

헤어질 무렵에 필자는 후배에게 몸조리 잘하고 다음에 모임에서 보자고 말했다. 그리고 가볍게 주먹 인사를 했다. 후배는 약간의 미소를 지으며 필자에게 짧게 이렇게 말했다.
"선배 나 죽는다네요. 이제 두 달 정도 남았다고 하네요. 난 죽을 것 같지 않은데, 하하"

돌아오는 길에 지하철을 반대 방향으로 탔다. 한참을 가다가 내려서 다시 반대 방향으로 가서 탔다. 오는 내내 마음이 편하지 않았다. 어떻게 집까지 왔는지 기억이 없었다.

두 달 후, 문자가 왔다. 부모님이 후배의 핸드폰에 저장된 번호로 문자를 보내온 것이다. 결국, 그렇게 후배는 삶을 마감했다. 가끔 후배가 생각난다. 친하지도 안 친하지도 않은 후배였지만, 마지막으로 필자에게 했던 이야기들이 그대로 남아

있게 되어서인지 후배의 착한 마음이 생각났다. 착한 사람은 그렇게 자신을 희생하고 떠나는 것인가? 이 글을 쓰면서도 눈물이 난다.

혼자만 잘난 것은 아니다

 필자가 군대 시절에 있었던 이야기이다. 근무 중이었던 부대의 중대장이 갑작스러운 사고로 신임 중대장이 오게 되었다. 그때 필자의 계급은 갓 병장이 된 시기였다.

 필자의 중대는 3개의 소대와 본부 소대로 구성되어 있었다. 소대에는 병장 중 분대장 교육을 마친 병장들이 돌아가면서 당직 근무를 했는데 당시에는 주번 하사라고 불렀다. 각 소대에 1명씩의 주번 하사가 있었다.

 주번 하사 시절, 하루 근무하고, 다음 날은 오전에 취침하고, 오후에는 선탑(운전병이 차량을 운전할 경우 조수석에 탑승하는 것)을 해서 근무자들을 근무지로 보내는 업무를 했다. 그다음 날은 오전에 취침하고 오후부터는 내무반 생활을 했다. 그렇게 3교대로 3명이 돌아가면서 근무했다.

지난밤 야간 선탑을 한 뒤 오전에 취침하고 세면장으로 이동하던 중에 새로 온 신임 중대장과 마주쳤다. 신임 중대장은 복장 불량이라며 연병장 사열대에서 무릎을 꿇고 손을 들라고 했다. 그렇게 한참을 기압을 받았다. 소대 옆의 세면장에 가는 데 전투복으로 갈아입지 않고 갔기 때문이라고 했다. 보통 실내복을 입고 세면장으로 갔는데 다시 전투복으로 갈아입지 않다는 것이 이유였다. 황당했다.

한번은 또 이런 일이 있었다. 식사를 끝내고 먹다 남은 음식물을 잔반통에 버리려고 줄을 서 있는데 갑자기 나타난 신임 중대장이 잔반통 주변이 지저분하다며 그 주변에 있던 모든 인원에게 '앞으로 취침', '뒤로 취침'을 시켰다. 밥 잘 먹고 날벼락을 맞은 기분이었다. '뒤로 취침'을 하면서 올려다본 구름 한 점 없는 하늘은 가끔 생각이 난다('내가 지금 왜 이러고 있지'라는 생각을 한 것 같다). 그렇게 신임 중대장과 황당한 일은 가끔 있었지만, 국방부 시계를 돌아갔고 제대하는 날이 되었다.

중대에서 제대 신고를 마치고 위병소가 있는 연대본부로 이동했다. 뒤따라온 신임 중대장이 그동안 수고했다며 손을 내밀기에 악수를 했다. 그때 필자의 나이가 23살 때였다. 신임 중대장의 나이는 26세~27세 정도로 생각이 된다.

필자는 마지막으로 신임 중대장에게 한마디 하고 싶다고 말했고 중대장은 해보라고 했다. 필자는 그의 눈을 보며 이런 말을 한 것 같다.

'중대장님. 혼자만 잘난 것은 아닙니다. 모두 열심히 하고 있습니다. 혼자서 모든 것을 하려고 하지 말고 부하들을 잘 활용하는 것이 더 좋은 부대를 만든다고 생각합니다.'

표정이 일그러지는 그의 모습을 뒤로하고 필자는 위병소 문을 열고 나왔다. 지나가는 택시를 잡아타고 집으로 가기 위해 기차역으로 향했다. 태어나 처음으로 맞보는 해방감을 느꼈던 것 같다.

필자는 그렇게 21살 1월 31일에 입대해서 23살 7월 어느 날에 제대했다. 길다면 길고, 짧다면 짧은 30개월간의 병역(兵役)을 마친 것이다. 제대의 흔적으로 눈 주변의 상처와 손바닥에 굳은살이 조금 생겼다. 가끔 눈 주변의 상처를 보면, 그때 그 시절이 생각난다.

3부 **사람과 사람**

선입견인지는 모르지만

 정확하지는 않지만, 필자의 경우 20대 중반부터인가 타인(불특정한 다수)을 처음 만나서 10~20분 정도 이야기를 하다 보면 그 사람의 지내온 인생이 보이기 시작했다. 단편적으로 보이는 사람도 있었고, 파노라마처럼 보이는 사람도 있었다. 같은 사람을 여러 번 만나면 그러한 현상은 사라졌다.

 대학생 시절인 20대 초중반, 어느 날 커피숍에서 단체미팅을 했는데 그날 A 양을 처음 만났다. 단체미팅이 끝나고 단둘이서 술을 마시게 되었다. 술을 마시기 전에 A 양의 과거가 파노라마처럼 필자에게 들어왔다. A 양은 술에 취해서 자신이 살아온 이야기들을 했는데 필자가 본 A 양의 지나온 이야기를 거의 비슷하게 말하기 시작했다. 아마 그날이 처음으로 누군가의 지나온 인생을 느끼고 확인하는 날이었던 것 같다. 그 전에는 느낌만 있었고 확인을 할 상황들이 아니었다.

가끔 아무것도 읽히지 않는 사람을 만나는 경우가 있다. 결론부터 말하면 2가지로 압축이 된다. 필자가 감히 범접할 수 없는 인물이거나 너무나 순수한 마음의 소유자로 생각이 된다.

필자의 이러한 것은 선입견과는 다른 무엇이라고 생각을 하는데 달리 표현할 방법은 없다. 지금도 누군가를 처음 만나면 그 사람이 살아온 과거가 모두 보인다. 그것을 보지 않으려고 노력도 했다.

특히 나이가 있는 중장년층을 만나면 너무나 선명하게 그 사람의 인생이 보였다. 보이는 느낌은 80% 정도는 맞았고 20% 정도는 틀린 것 같다. 정확하지는 않다.

그래서 첫인상을 중요하게 여기는 사람이 있다는 데 공감을 한다. 하지만, 첫인상으로 그 사람의 전부를 파악하는 것은 잘못이라고 생각한다. 요즘은 최대한 첫인상에 신경을 안 쓰고, 선입견 없이 만나려고 노력하면서 사람을 만난다.

　나이가 들면서 달라진 점은 특별한 경우가 아니면 새로운 사람을 만나려고 하지 않는 것 같다. 그동안 만났던 사람만 만나는 경향이 있는 것 같다. 그리고 만나는 친구나 지인의 수도 점점 줄어드는 것 같다. 그래서 요즘은 가입된 학회나 모임에 빠지지 않고 참석하려고 한다. 가끔 보는 오래된 지인들이 반갑고 좋아서 그런 것 같다.

어린 시절
아버지가 주신 유산

필자가 중학생일 때 아버지와 단둘이서 집 뒤에 있는 작은 산을 오른 적이 있다. 당시 아버지는 많아야 30대 후반에서 40대 초반이었을 것이다.

집 뒤에 있는 작은 산의 코스는 이렇다. 좁은 길을 올라가면 작은 언덕이 있는 데 동네 전경이 보였다. 그리고 조금 더 올라가면 약수터가 나오고 약수터 옆에는 돌로 쌓아 올린 둥근 공간이 있었는데, 그곳에서 물로 간단한 샤워가 가능했던 것 같다. 40년 전의 일이니 지금은 금지가 되었을 것이다. 이야기하고 나니 좀 옛날이긴 하다.

이번 이야기의 핵심은 아버지의 말과 마음가짐이다. 어느 초겨울이었다. 그날도 아버지와 둘이서 산에 올랐다. 쌀쌀한 날씨에도 아버지는 물로 간단한 샤워를 하셨다. 돌로 쌓아 올린 둥근 공간에 서면 성인의 머리 정도만 보이는 곳이라서 자주 하시는 것 같았다.

하산하는 길에 아버지는 필자에게 이런 말씀을 하셨다.
'여기 이 자연을 너에게 유산으로 주겠다. 열심히 다녀라.'
그때 그 말을 듣고 필자는 이런 생각을 했다.
'아버지 이런 것은 제게 필요가 없어요. 아무 필요가 없어요.'

아버지랑 가끔 산에 다녀서인지 아니면 우연인지는 모르겠지만, 지금은 고향을 떠나서 서울의 어느 한적한 북한산 자락에 살고 있다.

세월이 지나서 그때 아버지의 나이보다 15살이 많은 50대 중반인데도 필자는 그런 마음이 들지 않는다. 그만큼 마음의 여유가 없다고 보아야겠다. 지금도 타인의 호주머니의 10만 원보다 내 호주머니의 1천 원이 더 좋다. 공공의 유산보다는 내 이름으로 된 땅 1평이 더 좋다. 아버지의 마음을 이해하기에는 아직도 마음이 좁다는 생각이 든다. 아버지는 80세가 넘었는데도 너무 젊게 보인다. 밤에 함께 걷는 데 주변에 사는 지인이 뒷모습을 보고 다음 날 전화로 사촌 형이냐고 물었다. 그때 아버지 연세가 70대 초반이었다. 세월을 이기는 장사는 없다고 하듯이 최근에 뵈었을 때는 다른 80세 분들보다는 젊어 보여도 전에 대비해서는 늙으신 것 같았다.

그 시절의 아버지 같은 마음의 여유는 필자에게 언제쯤이나 올까? 자연을 유산으로 남겨주어서 그 자연을 공유하며 즐길 수 있는 마음가짐은 어떻게 하면 오는 것일까?

영화에서의 악당과 현실에서의 악당

필자는 다음의 영화들과 이런 장르의 영화를 좋아한다.

덴젤 워싱턴(미국 배우, 1954년 12월 ~) 주연의 영화 [더 이퀄라이저(2015년)], [더 이퀄라이저 2(2018년)], [더 이퀄라이저 3(2023년)]와 톰 크루즈(미국 배우, 1962년 7월 ~) 주연의 영화 [잭 리처(2013년)], [잭 리처: 네버 고 백(2016년)]이다.

이 영화들에 나오는 악당들은 주변인들을 괴롭히거나 죽이거나 상해를 입히는 데, 결국에는 모두 소탕이 된다.

영화에서의 악당들은 결국 그 죗값을 달게 받는 것이 정석이고 영화를 보는 우리는 그런 면에서 통쾌한 희열을 느낀다.

하지만, 현실에서의 악당은 모두 그렇지가 않은 것 같다. 현실에서의 악당이 벌을 받는 경우가 있지만, 100% 그렇지는 않은 것 같다. 필자의 주변을 보면 간접적으로 알 수 있다. 그리고 뉴스를 보면 알 수도 있다.

그렇지만, 착하게 살아야 한다. 몇 년 전에 우연히 만난 지인의 이야기를 듣고 확실히 알게 되었다. H 대표는 참 나쁜 사람이다. 하지만, 그에게는 돈과 명성이 있다. 그래서 감히 누가 도전을 할 수 없었다. 그런 H 대표의 가족에게 일어난 안타까운 이야기를 전해 들었다. 그 이야기를 전해 준 분은 이런 말을 했다.

'당대에 그 사람이 심판받지 않을 것이라, 생각했는데 가족에게 벌이 내린 것 같아서 이제는 그 사람을 용서하고 싶다.'라고 했다.

그 이야기를 듣고 돌아오는 길에 집사람과 이런저런 이야기를 나누었다. 결론은 '타인에게 피해를 주지 말고 착하게 살아야겠다.'였다.

살다 보면 이런 사람, 저런 사람을 만난다. 아주 다양한 사람들을 만나다 보면 정말 다양한 생각과 신념을 가진 분들이 많다는 것을 느낀다. 사회 초년 시절에 만난 직장 상사와 직장동료들, 모임에서 만난 다양한 분야에 종사했던 사람들, 그리고 필자의 주변에서 함께 일하고 생활했던 사람들.

세월이 흘러 그 시절에 만났던 사람들을 생각해 보면, 추억이 새록새록 올라온다. 좋았던 기억들도 있고, 잊고 싶은 기억들도 있다. 좋았던 기억으로는 함께 여행을 다닌 기억, 어울려서 놀았던 기억들이 대부분이다. 잊고 싶었던 기억은 필자의 오만한 생각으로 상대방을 불편하게 했던 기억들이다.

젊은 시절의 오기와 객기가 상대방에게는 너무 안 좋게 기억되었을 것이다. 하지만 그러한 오기와 객기가 있었기에 중심을 잡고 사는 것인지도 모르겠다. 사람과 사람의 관계에서 정답은 없다. 그리고 100%의 오답도 없다고 생각한다.

항상 느끼는 것이지만, 지금 내가 자주 만나는 사람들, 내 주변에 있는 가족들과 지인들이 가장 중요한 사람이다. 그 사람들에게 좀 더 친절하고 따뜻하게 말하고 행동하자. 내가 곤경에 처했을 때 나를 도와줄 소중한 사람들이다.

4부

준비하는 자세

감정 치유를 위한 **인간관계론**

그 자리에 맞는 사람이 그 자리에 앉았으면

그 자리에 맞는 사람이 그 자리에 앉았다면 그 조직은 발전하고 그 조직에 소속된 사람들은 행복할 것이다. 하지만, 그렇지 않은 모습을 많이 본다.

해당 분야 전문가가 그 분야의 고위직에 앉아서 행정을 본다면 이 세상은 지금보다는 더 합리적일 것이다. 하지만, 그 자리에 올라가려면 일단은 좋은 대학을 나와야 한다. 즉, 공부를 잘해야 한다.

필자가 아는 분이 있다. 그분은 필자가 소속된 분야의 전문성이 하나도 없다. 하지만, 그 분야의 사무관으로 일한다.

2년 후 다른 부서로 간다고 했다. 그래서 민원문제에 대해서 더 자세히 알려고도 하지 않았다. 업무를 볼 수 있을 정도만 알려고 했다. 당시에 필자가 좀 더 자세히 설명하고 싶었지만, 바쁜 눈치를 주어서 그만두었다.

몇 년 전, 강의하는 중에 만난 분이 있다. 그분은 자기는 이 분야에 대해 잘 모르기 때문에 제작사가 많이 힘들어한다고 실토했다. 그래서 배우러 왔다고 했다. 이분은 자신을 알고 부족한 부분을 채우려는 사람이다. 하지만 대부분은 그렇지 않은 것 같다. 해당 분야에 대해 알려고도 하지 않는다. 자신은 고위직에 있으니 지시만 한다. 안된다고 하면 안 되는 부분에 대해 듣지를 않는다. 안 되면 되게 하라고 밀어붙인다. 그렇게 해서 될 수도 있다. 하지만 그로 인해 위험에 노출되거나 직장을 잃는 사람도 있을 수 있다. 합리적으로 생각했으면 좋겠다.

군대에 다녀오지도 않은 사람이 군과 관련된 정책을 결정하거나 자녀가 없는 사람이 그 분야 정책을 결정한다면 과연 어떻게 될까?

플랜 B를 준비하는 사람

　필자의 지인인 L 부장은 모든 일에 있어서 항상 플랜 B를 준비하는 사람이다. 그의 주장은 이렇다. '세상을 살다 보면 항상 계획대로 안 되는 것이 많아요. 그래서 전 처음 시도한 것이 안 될 수도 있다는 상황을 대비해서 항상 플랜 B를 준비합니다.'

　필자도 살면서 모든 것들이 계획대로 되지는 않았다. 보통이라면 처음의 계획이 안 되면 다음의 계획을 준비하는 데 그런 경우 상황이 더 나빠지거나 버스가 떠난 뒤가 되는 경우가 많았다.

L 부장과 친하게 지내면서 그의 생각이 필자에게 천천히 전이되기 시작했다. 그의 확신에 찬 말투와 손동작이 뇌리에 스며들었다. L 부장의 신념에 찬 이야기는 다음의 3가지로 요약할 수 있다.

❶ 플랜 A가 실현되도록 최선을 다해서 준비한다.
❷ 혹시라도 모를 상황을 대비해서 플랜 B를 생각한다.
❸ 플랜 B가 어려울 수도 있다면 플랜 C를 염두에 둔다.

필자가 실질적으로 L 부장의 생각을 적용해 본 적이 있다. 대표에게 결재를 올려야 하는데 플랜 A를 싫어할 것 같은 느낌이 들어서 나름대로 플랜 B를 준비했다. 플랜 A로 보고를 드리니 대표의 인상이 안 좋아 보였다. 볼펜을 '톡톡' 치기 시작했다. 그래서 슬쩍 별도로 준비한 플랜 B를 내밀었다. 플랜 B가 있다는 것에 약간 놀란 눈치였으며 천천히 플랜 B를 읽어보기 시작했다. 잠시 후 대표는 헛기침하면서 플랜 B가 좋다며 그것으로 진행하라고 했다.

'이것이 된다고'

뿌듯한 마음이 들었다. 그 일이 있었던 시기가 필자의 나이 30대 초중반으로 기억된다. 그 이후로 필자의 모든 일에 변화를 가져오게 되었다. 폐기될지도 모르지만, 항상 플랜 B를 준비했으며, 아주 민감한 결정이 요구되는 경우에는 플랜 C를 준비했다. 지금에 와서 생각해 보면, 그날이 모든 것이 변화하는 도화선이 되는 시점이었던 것 같다. 필자에게 아주 우연한 기회에 인생의 전환점이 된 가장 큰 사건이었다.

4부 준비하는 자세

친절함은
강한 사람들의 것

모두 그런 것은 아니지만, 일반적으로 업무상으로 만나는 사람들에게는 대부분 친절하게 대한다. 가끔 업무 관계가 아닌 사적인 자리에서 처음 만난 사이인데 아주 친절한 사람을 만나는 경우가 있다. 그런 경우에는 상대방이 눈치채지 않을 정도로 경계를 하는 경우가 있었다.

세월이 흘러서 예전에 사적인 자리에서 만난 친절한 사람들을 떠올려보면서 이런 생각을 하게 되었다.
'친절함은 강한 사람들의 것이었다'
이 사실을 깨닫게 되었다.

친절한 사람은 모두 강한 사람들이다. 자신이 강한 존재이기에 모두에게 친절하게 다가온 것이다. 이런 사람을 오해할 수도 있다. 시간이 많이 지나고 나니 그때 필자가 만난 사람은 모두 강한 사람들이었던 것이다.

여러분들도 이런 경험이 있을 것 같다. 자신이 우위에 있는 장소, 예를 들면 자신이 주관하는 모임, 자신이 주인공인 행사인 경우, 처음 만나는 사람들에게 친절하게 대할 것이다. 오늘의 주인공은 자신이며 이 자리에 온 사람은 내가 아는 지인이거나 나를 축하해 줄 사람들이기 때문이다.

다른 예로 직장에서 자신이 간부급이라면 새로 입사한 신입사원에게 친절하게 대할 것이다. 많이 가진 사람이 보이는 친절함은 그 사람이 강한 사람이기 때문이라고 생각한다. 그렇다고 강한 사람만이 친절하게 대하는 것은 아니다. 우리는 얼마든지 타인에게 친절을 베풀 수 있다. 그 친절함이 차가운 시선이나 무관심한 표정으로 돌아오더라도 친절을 베풀자. 친절한 사람이 강한 사람이라는 생각을 하면서.

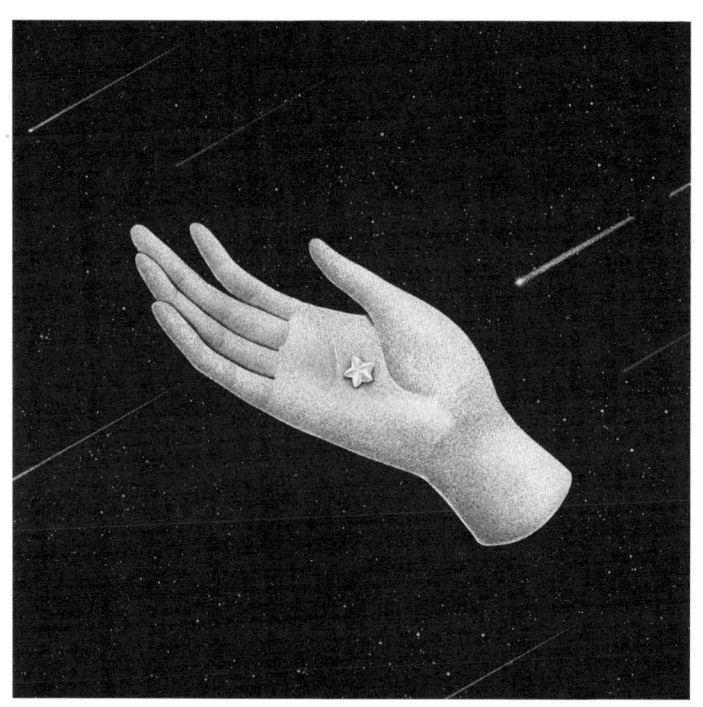

위기는 곧 기회다

 첫 번째 사업 시작 7년 정도가 지나니 매출액의 한계가 오기 시작했다. 점점 위기가 다가오고 있다는 생각을 하게 되었다. 그 위기를 타파하기 위해서 처음부터 새로운 사업을 병행할 생각은 없었다. 하지만, 우연한 기회에 그 기회가 온 것이다. 그때 첫 번째 사업에 안주했을 수도 있었지만, 위기가 오므로 해서 새로운 기회가 눈에 들어온 것이다. 첫 번째 사업이 잘 되었다면 새로운 기회를 그냥 흘려보냈을 것이다. 위기 속에서 기회를 발견한 것이다.

 그래서 두 번째 사업을 시작하게 되었다. 첫 번째 사업에서 배운 경험을 바탕으로 두 번째 사업에서는 투자자를 모았다. 주식회사와 같은 개념은 아니었고 필자가 시작하는 아이템에 1년간 광고를 해 줄 20여 명의 후원자를 먼저 모으고 시작을 했다. 1년간의 광고비용을 먼저 받아서 그것으로 두 번째 사업의 자본금으로 사용했다. 지금은 자리를 잡아서 매달 광고비용이 들어오고 있다. 사업이 잘 될 시기에는 1년에 순이익이 소형차 한 대 값이었던 적도 있다.

두 번째 사업을 시작한 지도 벌써 7년 정도가 지나고 있다. 지금도 두 번째 사업은 필자의 전체 매출에서 20% 정도를 차지하고 있다. 순이익으로 본다면 40% 이상 되는 것 같다.

무슨 일을 하다가도 위기가 오면 내게 새로운 기회가 온다고 생각하자. 한쪽 문이 닫히면 다른 쪽 문이 열린다. 위기가 왔을 때 새로운 기회가 올 수도 있다고 생각하자. 위기가 곧 기회가 되는 것이다.

어떻게 살 것인가?

'어떻게 살 것인가?'

50대 중반이 된 후 항상 머릿속에 있는 물음이다. 정확하게 말하면 '어떻게 재미있게 살 것인가?'이다. 만약, 85세~90세까지 산다면 앞으로 30년~35년을 살아야 한다. 100세 시대라고는 하지만, 누구나 100세까지는 살지 못하므로 평균적으로 80세~100세로 보는 것이 좋을 것 같다.

'어떻게 살 것인가?'라는 질문에 필자가 내린 결론은 다음과 같다.

'내가 좋아하고 재미있을 일을 하자.'

일하면서 돈을 벌어야 한다. 그것은 대전제이다. 그러므로 이왕에 하는 일을 내가 좋아하고 재미있을 것 같은 것을 찾아야 한다.

그래서 필자는 좋아하는 일을 먼저 적어보았다.
몇 가지가 나왔다.
'책 쓰기, 강의하기, 소규모 모임 진행하기, 커피 마시기, 그림 감상하기', '그림 그리기', '독서, '등산' 정도로 정리가 되었다.

그래서 세 번째 일을 준비 중이다.

이번 일은 초기 투자금이 많이 필요하다. 그래서 깊이 생각하고, 계획을 수정하고, 준비하는 일을 2년째 하고 있다. 이 글을 쓰는 시점에서도 준비 중이다. 그 결론이 어떻게 될지는 모르겠지만, 분명히 추진할 것이다. 항상 플랜 B를 염두에 두면서.

사업을 한다는 것

사업을 한다는 것은 매우 어려운 도전이다. 필자는 도전이라는 단어가 좋다. 사업에 도전해서 실패할 수도 있고 성공할 수도 있다. 실패한다면 다시 도전하면 된다. 다시 도전하지 않는다면 실패가 되는 것이다.

첫 도전에서 성공하는 사람도 있지만, 어려운 일이다. 필자의 경우 20대 후반에 첫 번째 도전을 했다. 당연히 잘되지 않았다. 그로부터 12년 후 다시 도전해서 지금까지 하고 있다. 첫 도전이 있었기에 두 번째 도전이 쉬웠던 것 같다. 그리고 첫 번째 도전에서 안 된 이유를 깨닫고 두 번째 도전 시 참고를 많이 했다. 두 번째 도전이 100% 성공이라고는 생각하지 않는다. 두 번째 도전 후 7년 뒤 새로운 사업 아이템이 있어서 세 번째로 도전했다. 그래서 지금은 2개의 사업을 같이하고 있다. 세 번째 도전 시 두 번째 도전에서 부족한 부분을 참고해서 도전을 하게 되어서인지 매우 쉽게 자리를 잡을 수 있었던 것 같다.

첫 번째 도전의 가장 큰 실패 요인은 개발에 집중해서 개발 후 어떻게 판매를 할 것인지 깊이 생각하지 못하고 진행을 하므로 개발이 끝나는 무렵 시장이 변해 있었다.

두 번째 도전의 경우에는 준비하는 데 시간을 너무 많이 보내서 자본금을 소진하고 힘들게 시작하게 된 경우이다.

세 번째 도전의 경우에는 미리 판매처를 확보한 후 개발 후 바로 판매를 하므로 수익이 생기고 그 수익으로 재투자할 수 있었다. 그렇게 순환적으로 돌아가게 되었다.

사업을 시작한다고 마음을 먹고 그것을 구체화하는 일련의 일들은 쉬운 것이 하나도 없다.

사업을 한다는 것은 매우 어려운 일이다. 하지만, 하지 않고 산다면 나중에 후회할 수도 있다. 자신의 이상과 신념이 사업 체질에 맞는다면 차근차근 준비해서 시작해 보자.

주변을 돌아보면 사업을 시작해서 처음부터 잘해나가는 사람들이 있다. 그들의 공통점은 직장을 다니면서 사업에 관련된 수업을 듣거나 바닥을 다지는 일을 몇 년 동안 한 후 창업을 했다는 것이다. 그렇다고 너무 오랜 기간을 두고 창업을 준비하는 것은 좋지 않을 수도 있다. 필자의 지인 중 몇몇은 너무 오랜 기간을 준비하다가 이런 핑계 저런 핑계를 대면서 미루다가 시간이 지나서 후회하는 것을 보았다. 사업의 시작에 나이는 필요 없다고는 하지만, 너무 늦은 나이에 시작하면 일에 대한 집중력이 떨어질 수 있고 눈이 침침해지면 모니터 보기도 불편해지는 등등의 의욕, 건강 등의 한계가 오는 경우가 있다.

사업을 시작한다는 것은 부담스럽고 어려운 일이지만, 자신이 좋아하고 즐길 수 있는 일을 찾아서 타인이 아닌 오롯이 자신만을 위해서 일하고 돈을 버는 것은 아주 매력이 있는 것이다. 대신 보통 1~2년 정도의 준비 기간을 가지고 준비하자. 그 기간에 과연 자신이 할 수 있을지 간접경험도 하면서 준비해 보면 좋을 것 같다.

준비하는 분야와 연관된 책이 있다면, 꼭 관련 책을 구입해서 읽고, 관련 교육이 있다면 수강해서 공부하자. 그리고 그곳에서 만난 사람들도 잘 사귀자. 인맥을 만들어야 한다. 자신과 같은 일을 준비하는 동기생이 있다는 것은 사업을 하고 나서도 큰 힘이 되는 부분이다.

서두르지 말고 천천히 자신만의 노하우를 정리하면서 준비하면 좋겠다.

4부 준비하는 자세

미래를 꿈꾸는 사람

황창연 신부님이 이런 말씀을 하셨다.

'과거에 매달리는 사람은 불행하고 미래를 꿈꾸는 사람은 행복하다.'

일반적으로 모든 사람이 후회하는 것의 공통된 부분은 있다.

'그 주식을 그때 샀어야 했는데'
'그때 대출을 해서라도 집을 샀어야 했는데'
'30대 중반에 이직해야 했는데'
'부모님께 사랑한다고 말했어야 했는데'
'자식들을 좀 더 안아주었어야 했는데'

'아내에게 좀 더 잘해주었어야 했는데'
'그 사람을 믿고 좀 더 기다려줬어야 했는데'
'항상 도움을 주는 사람에게 좀 더 잘했어야 했는데'

지나간 일을 다시 상기한들 좋을 것은 없다.
지금 이 순간부터 잘하면 된다.
과거는 과거로 덮어두고, 미래만 생각하자.

미래를 생각하고 미래를 꿈꾸는 사람만이 행복한 사람이 되는 것 같다.
지금부터라도 미래를 꿈꾸는 사람이 되자. 그리고 날 믿어주는 주변 사람들에게 먼저 다가가서 고맙다고 말하자.

살다 보면

세상에는 아주 좋은 사람이 간혹 있다. 절대로 많지는 않다. 간혹 있는 아주 좋은 사람을 만나기에는 필자의 행운이 부족했다. 그래서 필자는 좋은 사람이 되려고 노력했었다. 쉽지는 않았으며 그냥 호구가 된 기분이었다. 그 이후로는 마음가는 대로 살기로 마음먹게 되었다.

좋은 사람을 만나면 좋은 사람인 척하고,
나쁜 사람을 만나면 나쁜 사람인 척하고,
평범한 사람을 만나면 평범한 사람인 척했다.

살다 보면 먹고 싶은 것 먹고, 하고 싶은 것을 하기 위해서는 가장 먼저 경제적 독립이 필요하다는 것을 깨달았다. 그래서 직장을 버리고 필자의 사업을 시작했는지 모르겠다.

직장을 다니면 매달 나오는 급여에 만족하면서 살기에는 세상에는 하고 싶은 일이 너무 많았다.

그러기 위해서는 회사를 그만둘 용기가 가장 먼저 필요했다. 생각보다 큰 고민을 한 것 같지는 않았다. 너무 먼 미래를 생각하지 않아서였다고 생각이 된다. 퇴사 후 3년간 직장을 그만둔 것에 대해서 여러 번을 후회했었다.

별다른 준비 없이 회사를 그만두고 바로 필자가 생각한 일을 시작했다. 잠시나마 설레고 기뻤다. 이 분야 전문가들은 이런 말을 했다. 장기근속자일수록 퇴사로 인한 공포가 더 크다고 말했다. 반면 3년 근무하고 퇴사하고 다시 2년 근무하고 퇴사하고를 반복하는 근로자일수록 적응력이 더 좋다고 했다.

별다른 준비 없이 퇴사를 경험한 필자가 퇴사를 생각하는 이들에게 말하고 싶은 것은 다음과 같다.

다음의 5가지를 철저히 준비하자.

첫 번째는 건강관리이다. 건강관리는 젊은 사람이나 중장년층이나 노년층 모두에게 항상 강조되는 부분이니 긴 말은 생략하겠다. 자신에게 잘 맞는 운동법을 찾고 실천하자.

두 번째는 가족관계를 원활하게 유지하기 위해서 아내와 충분히 대화하고 자녀들과 소통해야 한다.

세 번째는 인간관계이다. 인간관계에는 유효기간이 있으므로 항상 상기해야 한다. 못 먹는 음식을 버리듯이 인간관계도 비슷한 것 같다.

네 번째로 취미를 가지자. 일만 하고 살 수는 없다. 가끔은 머리를 식히는 장치가 필요하다. 가능하면 큰돈이 나가지 않는 취미를 가져보자.

다섯 번째는 평생의 일(= 평생직장)을 가져야 한다. 퇴사하고 놀 수는 없다. 100세 시대인 요즘 같은 세상에는 평생 할 수 있는 일을 가져야 한다. 지금 직장인이라면 이 부분에 가장 많은 시간을 투자해서 찾아내야 한다. 자신이 좋아하고 즐길 수 있는 평생의 일, 즉 평생직장을 준비하자.

100세 학자의 조언

인간은 삶이 끝나면 언젠가는 죽는다. 영원히 살 수는 없다. 사랑하는 부모와 형제들 그리고 가족들과 이별해야 한다. 그러므로 하루하루가 정말 소중하다. 하루도 허비하지 말고 최선을 다해 살아야 하는 이유다.

어느 100세 학자가 방송에 나와서 이런 조언을 했었다.

'일과 공부를 손에서 놓지 마세요. 그리고 계속 일해야 늙지 않으며 계속 공부해야 머리가 녹슬지 않습니다.'

그분은 철학자이자 수필가이며 대학교 명예교수이다. 1920년생으로 31년간 OO 대학교 철학과 교수로 재직했으며

1985년 퇴직한 뒤 지금까지 강연과 저술 활동을 하면서 사회에 봉사하고 있다고 한다.

그분을 보면 열정과 겸손, 세상을 보는 깨어있는 모습에 감명을 받는다. 그분의 말대로 일과 공부를 손에서 놓지 않고 계속 일하면서 공부해야 하겠다고 다짐해 본다. 좀 더 나은 세상을 만들기 위해서는 이분과 같은 분들이 많았으면 좋겠다. 이분을 본보기로 삼고 심기일전(心機一轉) 해야겠다.

성공 비결을 묻는
단골 질문

다음은 성공 비결을 묻는 단골 질문에 관한 답변이다. 이 내용은 대부분의 자기 계발 책에 들어있는 문구라고 한다.

'타인의 험담을 절대로 하지 말고 장점을 찾아서 칭찬하자.'

누구나 한 번 정도는 들어본 말이거나 이미 알고 있는 말일 것이다. 살아가면서 나와 맞지 않는 타인의 험담을 하지 않고 살기에는 힘이 든다. 그리고 상대방의 단점이 부각되는 상황에서 장점을 찾는다는 것은 더욱 힘이 들고, 그 장점을 찾아서 칭찬하는 일은 더더욱 힘든 일이다. 그래서 아무나 성공을 하지 못하는 것일 수도 있다고 생각해 본다.

이상의 모든 것을 극복하고 타인의 험담은 하지 않고 장점만을 찾아서 칭찬할 수 있는 정도의 인격 수양이 된다면 분명 성공할 수 있겠다는 생각이 된다.

필자가 하고 싶은 말은 이상의 모든 것을 실행해서 성공하는 것도 훌륭하지만, 그 경계선에서의 삶도 괜찮지 않을까 라는 혼자만의 생각을 해본다. 즉, 정말 싫은 사람은 자신과 같이 싫어하는 사람을 만났을 때 함께 험담도 하고, 단점도 이야기하고 장점도 이야기하면 어떨까? 그래서 조금만 성공해도 훌륭하다고 생각된다.

모든 것을 인내하고 성공했다고 하자. 과연 그 사람의 속은 괜찮을까? 화병이라도 나지 않았을까?
순간순간에 일어나는 일에 화도 내고, 화해도 하고, 단점도 이야기하고, 장점도 이야기하며 살아도 좋지 않을까?

필자가 잘 아는 A 대표가 있다. 가끔 TV에도 나오고, 주변에서는 인상이 너무 좋다고 하는 그런 분이 있다. 많은 사람 앞에서는 화도 절대로 내지 않고 인자한 웃음을 보이는 분이다. 그를 처음 만나는 사람은 인상이 너무 좋고 인자하다고 칭찬이 계속된다. 번화가에 100평이 넘는 빌딩의 소유자이자 여러 부동산을 가지고 있는 분이다. 필자는 A 대표를 너무나 잘 안다. 한때 바로 옆에서 간접경험을 했었다. A 대표가 어떻게 필요하지 않은 사람을 합법적으로 정리하고 조직을 쥐었다가 풀었다가 하는 것을 지켜봐 왔다. 퇴사한 직원들에게 법적으로 소송도 당했지만, 유능한 변호사를 섭외해서 모든 소송을 승소했다. 필자가 살면서 만난 사람 중에서 다시는 만나기가 싫은 악인이 두 명 있는데 그중에 한 명이다. 두 명 중 A 대표가 1위다.

성공이라는 단어는 정말 무서운 단어 같다. 그 사람이 성공하기 위해서 얼마나 많은 사람을 밟고 그 자리에 서 있을까? 분명 그렇지 않은 사람들도 있을 것이다. 하지만, 필자가 만난 사람 중에는 가슴 아프게도 한 명도 없다.

조직의 구조는 피라미드 구조이다. 같이 입사를 했어도 최상위에 올라가는 사람은 점점 줄어들기 때문에 최고의 능력자만이 설 수 있다고 생각한다. 그 능력자는 그 자리를 그냥 얻은 것은 아닐 것이다. 자신만의 노력의 산물이지만, 뒤처지거나 밀려난 사람은 분명히 있다. 밀려난 사람이 훌륭하지 않은 것은 절대로 아니다. 그저 좀 더 인간적이고 상식적인 생각을 하며, 타인을 배려하는 사람이라고 필자는 개인적으로 생각해 본다.

따뜻한 커피와 차가운 커피

따뜻한 커피는 따뜻할 때 마셔야 맛이 있고, 차가운 커피는 차가워지면 마셔야 맛이 있다. 인생도 마찬가지인 것 같다. 항상 그때가 오기 마련이다. 그래서 가끔은 때를 기다릴 필요가 있다. 과거를 돌이켜보면 준비 없이 시작한 일로 인해서 피해를 본 경험이 있다. 준비과정은 어디에서나 꼭 필요한 절차다.

절대로 서두르지 말자. 생각보다 인생은 짧은 것 같아도 길다. 10대 시기에는 공부를 열심히 하고, 20대 시기에는 자기 계발을 열심히 하고, 30대 시기에는 직장에서 열심히 일하고 사람을 많이 만나자. 그리고 40대가 되면 주변을 돌아보면서 타인에게 도움을 주고 뜻한 바가 있다면 50대~60대의 삶을 준비하자.

모든 것은 시기가 있기 마련이다. 그 시기를 놓치면 후회를 하는 것 같다. 필자의 경우에는 10대 시절에 목표를 갖고 공부하지 않은 것이 가장 후회가 된다. 그 시기에 뚜렷한 목표가 있었더라면 삶을 좀 더 알차게 살았을 수도 있다고 생각한다.

하지만, 늦은 것은 없는 것 같다. 언제든지 뜻한 것이 있다면 철저한 준비과정을 거쳐서 시작하면 된다. 오히려 50대가 새로운 도전을 하기에 더 좋을 수도 있다. 그동안의 경험이 자신을 좀 더 안정적으로 만들고 노련함이 있어서 슬기롭게 나아가게 해줄 것이기 때문이다. 지금 무언가를 준비하고 있다면, 포기하지 말고 추진해 보기 바란다.

누구나 미래는 궁금하다

직장을 그만두고 좀 더 자유로운 일을 하면서 살아가고 싶었다. 매달 받는 급여를 포기한다는 것에 대해서 아내와 처가 식구들의 반대가 있었다. 필자 자신도 자신에게 100% 확신하지는 못했다. 그만두고 새로운 일에 대해서 자리를 잡을지를.

이 고민을 해결하기 위해서 여러 사람을 만나서 자문 받았다. 자문은 말 그대로 자문이었다. 최종 결론은 필자 자신이 내려야만 했다. 그때 생각한 것이 앞으로 10년 후의 필자의 모습이었다(그때 나이가 42세였으니 52세의 모습). 그리고 그다음 10년 후(62세의 모습)를 생각해 봤다. 지금 시점에서 그만두고 앞으로의 10년을 준비하는 것이 그다음의 10년을 대비하는 것이라는 생각을 했다. 그 시기가 되면 매달 놀아도 국민연금이 나오는 시기가 다가올 것이기 때문이다. 최종 결정을 내리기 전에 무엇보다도 좀 더 행복해지고 자유로워지고 싶었다. 그리고 더는 고용주를 위해서 일하고 싶지 않았다. 나 자신을 위해서 일하고 싶었다. 그것이 가장 큰 것인지도 모른다.

무엇인가를 결정할 때 미래는 누구나 궁금하다. 그래서 점집을 찾기도 하는 것인지 모르겠다. 사람의 앞일은 누구도 모른다. 점집을 찾는 사람들의 막막한 심정이 이해가 된다. 하지만, 모든 결정은 자신이 자료를 수집하고, 앞뒤 정황을 고민하고, 이것저것을 보고, 느낀 다음 내려야 한다는 것이다. 그 결정은 정말로 쉽지가 않다.

아무리 잘 내린 결정이라고 하더라도 작은 위험이 있을 것이며 생각하지도 못한 손해가 있을 것이다. 이때에는 자신을 가장 중요하게 생각하고 그다음으로 가족을 생각하자. 즉, 자신이 무엇을 해야 행복할 수 있으며 무엇을 해야 가족을 지킬 수 있는가를 생각하자. 그러면 결정을 내리는 것에 있어서 작은 길잡이는 된다고 생각한다.

해도 후회하고 안 해도 후회할 것 같으면 심사숙고를 해서 하는 방향으로 추진하자. 아무것도 하지 않으면 아무 일도 일어나지 않기에 추진하는 것을 추천하고 싶다. 대신 충분한 시간과 고민을 거쳐서 진행하면 좋겠다. 무엇보다도 열심히 살아온 자기 자신을 믿어보자.

'내일 지구의 종말이 오더라도 한 그루의 사과나무를 심겠다.'라는 말이 있다. 이 말은 아무리 절망적인 상황이나 힘든 미래가 예상되더라도 희망을 잃지 말고 꿋꿋이 자신의 삶을 끝까지 최선을 다해서 살겠다는 것을 표현하는 비유적인 의미로 해석된다.

우리는 항상 준비하는 자세로 인생을 살아야 한다. 현재 하고 있는 일은 당연히 열심히 해야만 한다. 그 과정에서 자신의 미래를 위한 작은 투자를 게을리해서는 안 된다. 불확실한 삶을 좀 더 안정적으로 받쳐주는 것이 자신을 위한 자기 계발이다.

항상 준비하는 사람은 어떠한 상황이나 환경 속에서도 자신의 자리를 지키면서 앞으로 나아갈 수 있는 원동력을 가지고 있는 경우가 많다. 일상생활의 안락함에 빠지지 말고, 미래를 위한 투자를 틈틈이 한다면, 자신의 발전은 물론이고, 삶의 질도 향상 될 것이라고 감히 생각한다.

틈틈이 미래를 준비하다 보면 새로운 정보를 얻게 되고, 그 정보들을 정리하고 공부하는 과정에서 새로운 삶을 발견할 수도 있다. 그것이 자신의 인생을 변화시킬 수도 있다. 하루하루 반복되는 일상에서 새로운 활력이 될 수도 있다. 미래를 준비하는 그 자체가 행복한 고민이 되기도 한다.

미래를 준비하는 사람들에게는 때가 되면 새로운 기회가 꼭 찾아온다. 확실하다.

5부

일상에서

감정 치유를 위한 **인간관계론**

주차장에서 주차하는 차량을 보면

 필자는 주차장에서 차를 주차할 때 주차에 진심인 사람이다. 직사각형으로 그려진 흰색선 안쪽에 차를 정확하게 넣는다. 간혹, 한쪽으로 치우쳤다면 다시 시동을 켜서 흰색선 안쪽에 같은 간격으로 다시 주차한다.

 필자처럼 흰색선 안쪽에 정확하게 주차를 하지 않아도 흰색선 안쪽으로 만 주차를 해도 나쁘지는 않다고 생각한다. 하지만, 바퀴가 금을 물고 주차하거나 옆자리에 다른 차가 주차할 수 없도록 붙여서 주차한 차를 보면 눈이 간다. 왜 저렇게 주차를 할까?
 그리고 주차금지 푯말이 있는 곳이나 주차를 하지 못하게 세워진 봉을 치우고 그곳에 주차하는 사람, 주차하면 안 되는 곳에 주차하는 사람들을 보면 이해가 안 된다.

어느 날 지하주차장에서 차를 주차하고 있는데 주차를 하면 안 되는 곳에 주차하는 사람을 보았다. 그곳 말고도 다른 곳에 주차 공간이 있었다. 그 사람은 항상 그곳에 주차했다. 그 차 때문에 뒤에 있는 차들이 출구 방향으로 나갈 때마다 조심운전을 해야 하는지 알까? 지금도 그 차 주인이 누구인지는 모른다.

필자는 혼자 생각한다.
'주차하는 모습만 보아도 그 사람의 성격을 알 수 있다.'라고. 그리고 자동차 안의 청결한 상태를 보면 그 사람을 더더욱 잘 알 수 있는 것 같다.

지하철에서 내리고 타기

지하철에서는 내리는 사람이 먼저 내리고 나서 타는 사람이 타는 것이 순서이다. 하지만, 간혹 그렇지 않은 경우를 본다. 애교로 넘어갈 수 있는 상황이다.

계단의 경우, '올라가시오', '내려가시오'가 표시되어 있다. 그것을 지키는 사람도 많지만, 그러지 않은 사람도 많다.

좁은 길에서 서로 스치며 지나칠 때를 보면 자신의 몸을 안쪽으로 움직여서 상대방이 지나가도록 하는 사람은 별로 없다. 대부분 비켜주지 않는다. 상대방에 대한 배려가 없어 보인다. 그래도 희망적인 것은 젊은 사람들에게서 그런 모습을 자주 본다.

사람이 하는 행동 하나하나를 보면 그 사람을 알 수 있다. 아무렇지 않게 길에서 침을 뱉거나 쓰레기를 버리는 사람을 보면 그 사람이 평소에 어떻게 생활하는지 보인다.

상대방에게 보이는 작은 모습이 그 사람의 전체 모습은 아닐 것이다. 하지만, 그런 모습을 보면 그 사람에 대한 선입관이 생기게 된다. 긍정적이든, 부정적이든 영향을 미치게 된다. 나아가 이런 말이 있지 않은가?
'나이 40세가 되면 자신의 얼굴에 책임을 져야 한다.'
그렇다. 그동안 어떻게 살아왔는지 얼굴에 나타나기 때문이 아닐까?

삶의 태도가 그 사람의 운명을 결정하는 초석이 되는 것 같다. 상대방을 먼저 배려하는 마음으로 살자. 그런 마음으로 세상을 바라보자. 그러면 하는 일도 언젠가는 잘 풀릴 것이다.

퇴사 후 3년간

　10여 년을 다닌 회사를 어느 날 퇴사했다. 퇴사한 회사 전에도 4~5년 정도 다닌 곳이 있었지만, 그때는 어렸고 철이 없어서인지 생각이 별로 나지는 않는다. 그리고 그때는 결혼 전이라 자유로운 영혼이었다. 부모님 집에 살면서 부족한 것 없이 지내서인지 미래가 암울하지는 않았다. 하지만, 10여 년을 다닌 회사를 그만둔 시점에는 처자식(妻子息)이 있는 상태였다.

　퇴사 후 3년간 정말 힘들었다. 생활비가 부족해서 집을 담보로 대출도 받았다. 돈을 벌 수 있는 곳을 이곳저곳 기웃거렸다. 아르바이트도 하고 강좌도 개설해서 진행해 보고 그랬다.

직장 다닐 때 서로 사주겠다는 점심은 이제는 없었고 매일 식당에서 혼자 밥을 먹었다. 그렇게 퇴사 후 3년간의 생활은 많은 생각을 하게 만들었다. 하고 있던 사업은 3년을 지나면서 조금씩 성장해 갔다.

어느 날 잘 아는 선배랑 점심을 먹었는데 그동안 필자가 느낀 점을 말했다.

"선배님 직장 다닐 때 그렇게 연락이 오던 거래처 사람들이 어쩜 전화 한번 안 오네요."

필자의 말을 듣고 나서 그 선배가 말했다.

"그것이 기름이 빠지는 단계야, 천천히 적응하게 되어있어. 한 몇 년간은 힘들 거야, 전문 용어로 직장인에서 사업자가 되는 데 걸리는 시간으로 그렇게 직장인의 기름이 빠지는 거야."

직장 다닐 때 정말 친했다고 생각했던 거래처 담당자들 그리고 직장 동료들의 무심함에 서운했지만, 15년이 지난 지금은 이런 생각을 한다.

'평생 다닐 수 없는 직장이라면 어느 시점에서 나의 길을 가는 것이 앞으로 남은 내 인생을 설계하는 것이 아닐까?'

창업하는 시기의 나이는 상관없다고는 하지만, 그래도 40대에는 시작해야 하지 않을까?

가끔 만나는 후배들에게 존칭을 사용하면서 이런 말을 하곤 했다.

"후배님, 사장이 언제까지 후배님에게 월급을 주지는 않는다는 생각을 해야 해요. 계속 오늘 같은 날이 연속되지는 않습니다. 천천히 준비하는 것이 좋아요."

후배들은 대부분 이렇게 말한다.

"선배님, 제가 잘 할 줄 아는 것이 없어서요."

직장을 다니면서 내가 잘 할 줄 아는 것을 찾아야 한다. 언젠가는 홀로 서서 가야 하는 날이 오기 마련이다. 빨리 올 수도 있고 늦게 올 수도 있다. 언젠가는 오는 것이 현실이다.

문제가 없을 수는 없다

 살다 보면 항상 문제는 있다. 큰 문제도 있고 작은 문제도 있다. 어떻게 보면 그러한 문제들을 해결하는 것이 삶이 아닐까?

 문제가 있다고 긴장하거나 두려워할 필요는 없다. 하지만, 긴장되고 두렵다. 긴장되고 두렵다고 너무 내색은 하지 말자. 세상 모든 문제의 답은 어느 정도 나와 있기 때문이다. 세상의 모든 문제는 그 해답이 있으며 해결하면 된다.

 가끔 문제에 대한 해답을 찾기 어렵거나 한계에 부딪힌다. 그런 경우에는 포기는 하지 말자. 다만, 최선의 선택으로 마무리하자. 욕심만 버리면 된다.

사람의 가치 기준에 따라서 문제는 큰 문제, 작은 문제로 구분된다. 그러므로 이것이 큰 문제이고 저것이 작은 문제라고는 특정할 수 없다. 중요한 것은 누구나 문제를 가지고 있다는 것이다.

필자의 지인 중 아무 걱정이 없어 보이는 분이 있다. 언제나 편안해 보이고 여유 있어 보였다. 여기에 더해서 교양과 격식이 넘쳐 보였다.

그분의 아내는 변호사이고 그분은 사업을 하고 있으며 만날 때마다 값비싼 수입차를 몰고 왔다. 모임 장소에 따라 주차가 어려웠지만, 언제나 몰고 왔었다. 그리고 아들은 명문대를 나왔다. 겉으로 보면 전혀 문제가 없어 보인다.

내면을 조심스럽게 들여다보면 그분은 몇 년 전에 대장암 1기 진단을 받았으며 아들은 대인기피증이 있어서 직장을 다니지 않고 집에만 있다. 그래서 사람들을 잘 만나지 않는다고 말했다.

지금 나에게 돈이 없고, 지금 나에게 집이 없고, 지금 나의 건강이 안 좋고, 친구가 없더라도 남들이 가지고 있지 않은 무엇이 있을 것이다. 그것은 내가 찾아야 한다. 그것을 찾아서 위안을 받고 그렇게 극복해나가면 된다.

작은 문제는 자신의 욕심을 조금만 버리면 되고, 큰 문제는 세상의 흐름에 맡기자. 어떻게 보면 자신이 어떻게 할 수 없는 큰 문제일 것이다. 그런 경우에는 세상의 흐름에 맡기면 된다.

가끔은 행복한 상상을 해서 자신을 행복하게 만들자. 자신이 즐겁게 할 수 있는 업무나 일상을 생각하자. 그러한 업무나 일상을 보내면서 행복감을 즐겨보자.

돌아갈 줄도
알아야 한다

세상을 살다 보면 잘못된 길로 접어들 수도 있다.

자신의 각성으로 알 수도 있고 주변 사람들의 조언으로 알 수도 있다. 누구나 잘못된 판단으로 잘못된 길을 갈 수 있다. 중요한 것은 그것을 알았다면 돌아갈 줄도 알아야 한다는 것이다.

옛날 말로 '한 우물을 파면 계속 파야 한다.'는 말이 있다. 하지만, 지금은 시대가 바뀌었다. 우리는 지금 지난 100년간의 변화가 지난 10년간의 변화와 같다는 시대에 살고 있다.

지인 중에 오랫동안 고시 공부에 매달린 분이 있었다. 그분을 볼 때마다 느끼는 점은 항상 변함없는 마음이다. 그 마음에 대해서는 존경을 한다. 하지만, 20여 년간 고시 공부를 했으면 되었다고 본다. 그를 바라보는 가족을 생각했으면 좋겠다는 생각을 많이 했었다. 이제는 어쩔 수 없이 내려놓았다고 했다.

세상 모진 풍파에도 순수한 그분을 보면 안타까운 마음이 앞선다. 고심 끝에 조심스럽게 물어보았다.
최근에는 다른 곳의 문을 두드리고 있다고 했다. 하지만, 결과는 좋지 않다고 했다. 젊은 시절의 두뇌가 나이 들면서 잘 돌아가지 않는다고 했다.

자신이 선택한 선택지에서 오랜 기간 답이 없다면 그 길과 비슷한 길로 우회를 할 필요가 있다고 생각한다. 옆길로 돌아갈 줄도 알았으면 좋겠다. 너무 다른 길이 아니라면 길의 종착점에서 다시 만날 수 있을 것 같다.

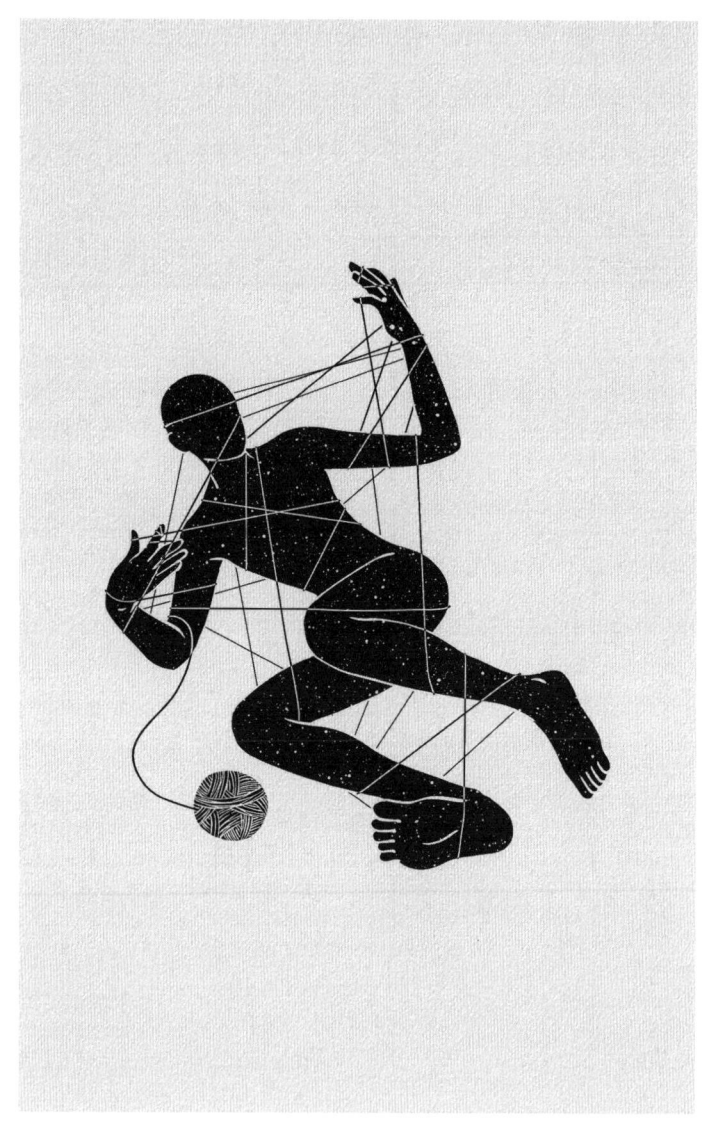

… ■

남이 나를
알아주지 않아도

'남이 나를 알아주지 않아도 괜찮다. 하늘이 알고 내가 알면 된다. 너무 섭섭해하지 말자.'

필자가 30대 시절 직장 생활을 할 때 열심히 일해도 다른 사람들이 알아주지 않아서 속이 상한 적이 있다. 하지만, 직장 생활을 끝내고 프리랜서와 같은 일을 하면서 그때 배운 지식이 빛을 내는 경험을 자주 했다. 열심히 해서 배운 지식이 오롯이 내 것이 된 것이다.

직장 생활을 할 때는 회사의 발전을 위해서 활용했고, 지금은 나를 위해 활용하는 것이다.

공자(孔子)는 이런 말을 했다고 한다.

'진정한 군자(君子)는 남이 나를 알아주지 않아도 화내지 않는 사람이다.'

다음은 논어(論語) 학이(學而) 편에 나오는 글귀이다.

'人不知而不慍不亦君子乎?'

'남이 알아주지 않아도 노여워하지 않으면, 그것은 또한 군자가 아니겠는가?'

군자(君子)까지는 아니어도 좋다. 열심히 해도 인증 못 받는다고 낙심하지는 말자. 그 공력이 쌓여서 언젠가는 당신에게 돌아올 것이다. 지금 열심히 공부하고 있다면, 지금 열심히 운동하고 있다면, 당장 그 결과가 나오지 않아도 참고 기다리면 당신에게 좋은 소식이 올 것이다. 그것은 분명하다. 그 시점이 짧은 사람이 있고 시점이 긴 사람이 있을 뿐이다.

우주에 관한 관심

　어느 날부터 우주에 관해서 관심을 가지게 되었다. 그러면서 그동안 가졌던 가치관들은 물론 이때까지의 모든 것들이 변화하기 시작했다. 종교에 관한 믿음, 삶에 관한 태도, 나만의 가치관, 일의 우선순위, 인간관계 등등

　지구에 존재하는 모래알 개수 이상으로 우주에는 행성과 항성(참고로 행성은 태양 주위를 돌면서 스스로 빛을 내지 못하는 천체를 말한다. 지구, 금성, 수성, 화성 등이 여기에 속한다. 항성은 스스로 핵융합 반응을 통해 빛과 열을 내는 천체로, 태양과 같은 별이 이에 해당한다. 즉 행성과 항성의 주요 차이점은 빛을 내는가이다.)들이 있다고 하지 않는가? 그 많고 많은 우주의 행성과 항성 중에서 지구는 신비로

움 그 자체라고 말한다.

유튜브에서 〈안드로메다은하〉로 검색해 보면 지구에서 가장 가까운 은하인 〈안드로메다은하〉에 대해서 알려주는 영상들이 있을 것이다. 〈안드로메다은하〉는 지구에서 약 250만 광년이나 떨어진 거대 은하로 빛의 속도로 가도 250만 년이 걸리는 먼 거리에 있다. 인류가 만든 가장 빠른 우주선으로 가더라도 가는 데 150억 년 정도나 걸리고 다시 돌아오려면 300억 년 정도가 걸린다고 한다.

〈안드로메다은하〉에는 1조 개 이상의 별이 있다고 한다. 그리고 현재 우리가 관찰한 우주에는 이러한 〈안드로메다은하〉가 2천억 개 중 하나라는 것이다. 너무나 크고 상상이 안 되는 우주의 크기에 압도된다.

필자는 자식들에게 공부에 관한 강요를 하지 않는다. 그저 자신이 하고 싶은 분야를 찾기 위해서 다양한 시도를 해보라고 한다. 자신이 좋아하면서 그것을 하면 행복한 그 무엇을 찾기를 바란다.

다양한 시도 후에 찾을 수 있을 것이라고 생각된다. 그것을 찾았다면 그 분야에 관한 공부를 즐기면서 하면 좋겠다. 그리고 그것을 직업으로 삼아서 일하면서 행복하게 살면 좋겠다.

다시 돌아와서, 이렇게 넓은 관측 가능한 우주에서 인간의 존재가 아무것도 아니라고 생각할 수도 있겠지만, 그렇지 않다. 반대로 인간의 존재는 너무나 위대하고 소중한 것이다. 지금 내 주변에 있는 모든 사람들이 소중하게 생각되는 순간이다. 광활한 우주에서 점 같은 지구를 생각하고, 그곳에서 열심히 사는 우리들을 돌아보면서 하루하루 알차고 보람되게 살아야겠다고 생각한다. 우주와 지구의 역사에서 인간의 시간은 찰나를 사는 것이기에 더욱더 소중한 것이라고 생각한다.

살아 있는 대가

 필자는 워킹데드[미국의 만화가 '로버트 커크만(1978년~)'의 좀비 아포칼립스 만화인 '워킹데드'를 원작으로 한 실사 TV 시리즈] 팬이다. 시즌 1(2010년)~시즌 11(2022년)까지 한번 보았고 지금은 처음부터 다시 보는 중이다.

 〈살아 있는 대가〉는 워킹데드 시즌 5의 9화 제목이다. 다음은 시즌 5의 9화의 등장인물 중 매기의 여동생인 베스가 부르는 노래의 한 구절이다.

**'누구에게나 살아갈 자격이 있죠.
줄 것은 사랑뿐이에요.**

살아남기 위해 힘겹게 몸부림치는 우리
살아남기 위해 함께 싸울 거예요.
힘겹게 싸우고 있다면 계속 나아가야 해요.
힘겹게 싸우고 있다면 지체할 시간이 없어요.
힘겹게 싸우고 있는 나 역시 나아가야 해요.'

워킹데드는 알 수 없는 바이러스로 인해서 죽은 사람들이 다시 살아나서 살아 있는 사람들을 공격하는 세상을 배경으로 하고 있다. 그러한 세상에서 살아남기 위해 사투를 벌이는 평범한 사람들의 이야기를 담고 있다.

필자가 워킹데드를 좋아하는 이유는 워킹데드에서의 주인공을 비롯한 등장인물들의 팍팍한 삶을 간접경험하므로 지금의 삶이 얼마나 행복한 순간의 연속인가를 깨닫게 해주기 때문이다.

모두에게 있어서 현재의 삶이 힘들다고는 하지만, 워킹데드에서의 삶을 비교하면 아무것도 아닌 것이 된다. 그래서 극한의 상황을 간접경험하면서 지금의 삶에 감사함을 느끼는 것 같다.

정의가
꼭 이기는 것은 아니다

　살다 보면 정의로운 행동이 100% 응원을 받는 것도 아니고 악한 행동이 100% 욕을 먹는 것이 아니다. 즉, 정의가 100% 꼭 이기는 것만은 아니다.

　주변을 보면 나쁜 사람들이 그 분야에서 성공해서 잘 사는 경우가 있다. 반대로 착한 사람들이 그 분야에서 성공한다는 보장도 없다.

　필자가 20대 후반에 직장을 다닐 때 좋은 사람이 성공하고 나쁜 사람이 욕을 먹는 세상인 줄 알았다. 그리고 정의가 항상 승리한다고 믿고 살았다. 하지만, 현실은 그렇지 않다는 것을 한참이나 지나서 깨닫게 되었다.

최근 그 시절 사장으로부터 25년 만에 연락이 왔다. 페이스북 메신저로 연락이 오고, 연락처를 주고받고, 며칠이 지난 뒤 통화했다.

그때 그 시절 생각이 났다. 사장이 필자를 좀 더 지지해 주고, 믿어만 주었다면, 함께 좀 더 성장할 수 있지 않았을지, 아쉬운 생각에 바로 연락을 하지 않았다.

그분도 그 시절에는 30대 후반이었을 것이다. 섭섭한 점들을 마음속으로 삭히고 반가운 마음으로 통화했다.

반갑게 대화를 나누고 이런 생각을 했다. 그때 그분은 필자에게는 아주 고약한 사장이었는데 그분의 입장으로 본다면 누구보다도 치열하게 울산, 부산, 대전, 서울을 오가며 사업을 확장한 것이다.

그런 과정에서 필자는 자연스럽게 뒤로 밀렸을 것이고 활용의 가치가 떨어졌을 것이다. 그 회사의 초기 멤버로 참여해서 회사가 커가는 과정에서 받았을 소외된 마음을 누군가에게 위로받고 싶었을 것이다. 위로나 격려 대신 날아온 실적 압

박에 퇴사를 결심하고 떠났던 것 같다. 나중에 입사한 직원들이 더 많은 연봉을 받는다는 것에서 혼자서 불공평하다는 생각을 했을 것이다.

세월이 한참 지나서 내린 결론은 '불공평한 삶을 빨리 인정할수록 빨리 성장할 수 있다.'라는 것이다. 세상은 원래 불공평한 것이므로 그것을 원망해 봐도 소용이 없으며 빨리 인정하고 자신의 길을 개척하는 것이 자신을 좀 더 빨리 성장시키는 행동인 것 같다.

삐딱한 마음이 생길 때

누구나 한 번 정도는 삐딱한 마음을 가지는 날이 있다. 필자의 경우 1년에 몇 번은 그런 날이 꼭 있다. 그런 날에는 가능하다면 약속을 잡지 않고 혼자 있으려고 노력한다. 그런 날 누군가를 만나면 꼭 실수하는 것 같다.

평소의 마음으로 돌아온 뒤에 후회하지 않으려면 그런 날에 처신을 평소보다 더 잘해야 한다. 즉, 하루 동안 마음을 잘 다스려야 한다. 후회를 줄이기 위해서라도 마인드 컨트롤(Mind Control)이 필요하다.

필자의 경우에는 삐딱한 마음이 생기는 원인을 파악하고

그 부분에 관한 생각을 하지 않는 것이다. 말처럼 쉽지는 않다. 그래서 영화를 보거나 음악을 듣거나 유튜브를 시청한다. 그렇게 그날을 잘 넘겨야 한다. 사안에 따라 다르겠지만, 다음 날이 되면 마음이 조금은 안정적으로 돌아오기 때문이다. 그렇게 3일~4일 정도가 지나면 안정적으로 되었다.

삐딱한 마음이 생기는 날, 사람을 만나지 말고, 만나더라도 말을 줄이는 노력을 해야 한다. 그날 한 실수는 스트레스로 두고두고 뇌리를 스치기 때문이다.

이러한 마음도 심약한 인간이기에 느끼는 감정일 것이다. 이 감정 또한 필자가 느끼는 여러 가지 감정 중 하나이므로 배척하고 싶지는 않다. 다만, 좀 더 자신의 감정을 이해하고 올바르게 대처하고 싶은 마음이 크다.

직장에서 해야 할 업무, 가정에서의 생활, 그리고 사적인 모임의 장소에서 보내는 시간이 있다. 그리고 지하철, 버스, 택시 등의 교통수단을 이용하는 순간과 거리 등에서 만나는 불특정 다수와의 스쳐 지남을 우리는 매일 하면서 살고 있다.

평소의 행동을 보면 그 사람을 어느 정도 파악할 수 있다. 부모님과 함께 살았던 시절, 어머니는 필자에게 '집에서 새는 바가지 나가서도 샌다.'라고 자주 말씀하셨다. 살아보니 그런 것 같다. 집에서 하는 행동이 밖에서도 무의식중에 나온다. 그래서 가정 교육이 중요하다고 하는 것 같다.

일상에서의 우리의 삶은 나의 현재는

물론이고 나의 과거를 보여주는 것 같다. 나아가서 미래를 보여주는 것이라고 생각한다. 하루하루 열심히 일하다 보면 그것이 쌓여서 자신의 불특정한 미래의 삶에 영향을 줄 수밖에 없다.

여유가 없는 삶이라고 하더라도 우주를 생각하면서 여유를 가지자. 우주라는 존재 앞에서 인간은 겸손해지기 마련이다. 여유가 있는 삶을 살고 있다면, 주변에 도움이 필요한 사람들을 돌아보는 마음의 여유를 가지자. 물질적인 도움이 아니더라도 관심이 가득한, 말 한마디로 상대방을 행복하게 할 수 있다.

에필로그

-내일을 살아가야 할 미래의 나에게 보내는 글-

성구야!
집중해서 잘 들어라.

하는 일이 잘 안된다고 화내거나 짜증 내지 말고 일단은 잠시 생각하고 기다려라.

상대방이 '기다려야 된다고 하면 기다리고, 변경해야 한다면 변경하고, 새로 해야 한다면 새로 하면 된다.'

하려고 하는 일들이 매번 안 되는 것은 네가 그 일에 적합한지 담당자가 테스트하고 있는 것인지도 모른다고 생각하자.

잘 준비해서 다시 진행하면 된다.

'하던 일이 잠시 막히는 것은 그 일이 실패로 가는 것이 아니라 보충해서 더 좋은 방향으로 가려고 그러는 것이다.' 아니더라도 그렇게 생각하자. 긍정적인 생각으로 임한다면 결과도 긍정적으로 된다.

그리고 하나 더 있다.

지난 과거에 얽매이지 말고, 오늘 해야 하는 일에 대해 최선을 다하고, 앞으로 일어날 미래에 대해 긍정적으로 생각하자. 마음에서 된다면 되는 것이고 의심하면 의심한 대로 이루어질 수도 있다. 항상 긍정적인 생각만 하자.